KB037505

애덤 스미스가 스코틀랜드 글래스고 대학에서 한 강의

정의에 대하여

애덤 스미스 지음 정명진 옮김

정의에 대하여

초판 1쇄 발행	2016년 3월 20일
원 제	The Lecture on Justice(1896)
지은이	애덤 스미스
옮긴이	정명진
펴낸이	정명진
디자인	정다희
펴낸곳	도서출판 부글북스
등록번호	제300-2005-150호
등록일자	2005년 9월 2일
주소	서울시 노원구 공릉로63길 14, 101동 203호(하계동, 청구빌라)
	01830
전화	02-948-7289
전자우편	00123korea@hanmail.net
ISBN	979-11-5920-033-5 03320

애덤 스미스가 스코틀랜드 글래스고 대학에서 한 강의

정의에 대하여

애덤 스미스 지음 정명진 옮김

이 책에 대하여

애덤 스미스(1723-1790)가 세상을 떠난 3년 뒤인 1793년에 당시 스코틀랜드 철학자로 스코틀랜드 계몽주의를 이끌던 두걸드 스튜어트(Dugald Stewart:1753-1828)가 에든버러 왕립학회 앞에서 애덤 스미스의 삶과 저작물에 관한 강의를 했다. 스튜어트에 따르면, 애덤 스미스가 글래스고 대학교에서 한 강의 중에서 당시 남아 있는 것은 애덤 스미스 본인이 『도덕감정론』(The Theory of Moral Sentiments:1759년 출간)과 『국부론』(An Inquiry into the Nature and Causes of the Wealth of Nations: 1776년 출간)으로 묶은 것밖에 없다.

실제로 애덤 스미스는 죽기 한참 전인 1773년 런던으로 떠나면서 데이비드 흄(David Hume)에게 보낸 편지에서 자신이 지니고 다니던 원고, 즉 『국부론』을 제외하곤 자신이 죽거든 남은 원고들을 전부

불태워 달라고 부탁했다. 또 그는 세상을 떠나기 2주 전쯤에도 다시 친구들에게 그런 부탁을 남겼다. 그리고 1세기 동안 애덤 스미스의 책은 그의 생전에 나온 그 두 권이 전부인 것으로 여겨져 왔다.

애덤 스미스는 스코틀랜드의 글래스고 대학교에 처음에 논리학 교수로 들어갔다가 1년 뒤에 도덕 철학 강의를 맡았다. 스미스의 도덕 철학 강의는 네 부분으로 나뉜다. 첫 부분이 자연 신학에 관한 것이고, 두 번째 부분이 윤리학에 관한 것이었다. 이 두 번째 부분을 책으로 엮은 것이 『도덕감정론』이다. 세 번째 부분은 정의(正義)에 관한 부분이다. 말하자면 공법과 사법의 발달 과정과 정부를 통치하는 방법이 주로 다뤄졌다. 네 번째 부분에서 애덤 스미스는 정의의 원칙이 아닌 편의(expediency)의 원칙을 바탕으로 국가의 부와 권력을 증대시키는 방법을 제시했다. 이 부분의 강의를 묶은 것이 『국부론』이다.

그러다 보니 애덤 스미스의 사후에 경제학도나 정치학도들 사이에 두 권의 책으로 공개된 그 중간에 있었던 강의, 즉 세 번째 부분에 대한 강의가 없는 것이 아쉽다는 소리가 많았었다. 그러던 중에 스미스가 세상을 떠나고 1세기도 더 지난 1895년에 그 부분에 대한 강의를 기록한 노트가 발견되었다. 스미스의 강의를 들은 학생이 남긴 것이었다. 애덤 스미스의 육필 원고가 아니었지만 그래도 학계의 갈증을 어느 정도 달래줄 수 있었다.

학생의 기록에 그만한 가치를 부여할 수 있는가, 하는 회의가 들 수 있지만, 인류 역사에 제자들의 기록을 통해 전해지고 있는 가르침이 많다는 사실을 감안한다면 그것도 큰 문제가 되지는 않을 것 같다.

『정의에 대하여』라는 제목으로 옮긴 부분은 1896년에 『Lectures on Justice, Police, Revenue and Arms』라는 제목으로 소개된 책 중 'Justice'에 관한 부분이며, 나머지 부분의 번역은 다음 기회로 미룬다.

옮긴이

정의의 목적은 사람들을 침해 행위로부터 보호하는 데 있다. 사람은 여러 면으로 침해를 당할 수 있다.

첫째, 한 사람의 인간으로서도 침해를 당할 수 있다.

둘째, 가족의 구성원으로서도 침해를 당할 수 있다.

셋째, 국가의 구성원으로서도 침해를 당할 수 있다.

하나의 인간으로서, 사람은 신체와 명예, 재산에 침해를 당할 수 있다.

가족의 구성원으로서, 사람은 아버지나 아들, 남편이나 아내, 주인이나 하인, 후견인이나 피후견인으로서 침해를 당할 수 있다. 피후견인이 스스로를 돌볼 수 있는 시기가 될 때까지, 후견인이나 피후견인은 가족 관계로 여겨진다.

국가의 구성원으로서, 행정장관은 불복종에 의해 침해를 당할 수 있고 국민은 억압에 의해 침해를 당할 수 있다.

침해당하는 대상도 여러 가지이다.

첫째, 부상을 입거나 불구가 되거나 살해를 당하거나 아니면 자유를 억압당함으로써 신체가 침해당할 수 있다.

둘째, 엉뚱하게 도둑이나 강도로 몰리는 경우처럼 부당하게 분노나 처벌의 대상으로 공표되거나 아니면 자신의 진정한 가치를 경시당하면서 자신의 직업의 수준 아래로 폄하됨으로써 명예가 침해당할 수 있다. 예를 들어 우리가 세상 사람들에게 어떤 의사가 환자들을 치료하는 것이 아니라 죽이고 있다고 설득시키려 들 때, 그 의사의 인격이 침해당하게 된다. 왜냐하면 그 같은 발표로 인해 의사가 사업을 망치게 될 것이기 때문이다. 그러나 어떤 사람에게 마땅히 들어야 할 칭송의 말을 하지 않을 때, 그것은 침해에 해당하지 않는다. 아이작 뉴턴(Isaac Newton:1643-1727)이 르네 데카르트(René Descartes:1596-1650)보다 뛰어난 철학자가 아니라고 하거나 알렉산더 포프(Alexander Pope:1688-1744)가 당대의 평범한 시인들보다 결코 더 훌륭한 시인이 아니라고 해도, 우리는 뉴턴이나 포프를 침해하지 않는다. 이런 식의 표현이 뉴턴이나 포프가 마땅히 들어야 할 칭송의 말은 아니지만, 그래도 우리는 그들을 전혀 침해하지 않았다. 왜냐하면 우리가 그들을 같은 직업에 종사하는 다른 보통 사람들보다 더 아래로 폄하하지 않았기 때문이다. 사람이 자신의 신체와 명예를 침해로부터 보호할 권리는 자연권이라 불린다.

셋째, 사람은 재산을 침해당할 수 있다. 사람이 자신의 재산에 대해 갖는 권리는 기득권이라 불리며, 이 권리에는 두 종류, 즉 물권(物權)이 있고 대인권(對人權)이 있다.

물권은 그 대상이 물건이다. 온갖 종류의 소유물과 집, 가구가 여기에 해당한다.

대인권은 특정한 개인이 소송을 통해서 주장할 수 있는 권리이다. 특정 개인만 상환이나 이행을 요구할 수 있는 모든 채무와 계약이 여기에 해당한다. 만약에 내가 말을 한 마리 사고 그 말을 양도 받았다면, 말의 전 소유주가 그 말을 다른 사람에게 팔더라도 나는 그 말에 대해 실질적 소유를 주장할 수 있다. 그러나 만약에 말이 아직 나에게 양도되지 않았다면, 나는 그 말을 나에게 판 사람을 상대로 소송을 제기할 수 있다.

물권에는 4가지 종류가 있다. 소유권과 지역권(地役權), 질권(質權), 독점권이 있는 것이다.

소유권은 온갖 종류의 소유물에 대한 권리를 말한다. 소유물을 잃어버리거나 아니면 은밀하거나 폭력적인 방법으로 빼앗길 경우에는 그 소유물의 반환을 요구할 수 있다.

지역권은 다른 사람의 재산에 지우는 부담이다. 따라서 나는 나와 대로(大路) 사이에 있는 다른 사람 소유의 논밭을 통과할 자유를 누린다. 혹은 이웃사람의 논에는 물이 많은데 나의 논에는 나의 소가

먹을 물이 전혀 없을 경우에, 나는 소를 이웃사람의 논으로 몰고 가서 물을 먹일 권리를 갖는다. 다른 사람의 재산에 지워진 이런 부담은 지역권이라 불린다. 이런 권리는 원래 대인권이었다. 그러나 지역권이 걸린 재산에 여러 사람이 관계되어 있을 경우에 그런 권리를 얻기 위한 소송이 많이 제기되는 상황이 벌어지면서 그 불편과 비용이 만만치 않게 됨에 따라, 입법자들이 그것을 물권으로 만들었다. 그 후로 그런 재산은 지역권과 함께 양도되었다.

모든 저당과 담보를 포함하는 질권은 사람들이 권리를 갖는, 그 외의 다른 것을 안전하게 지키는 보증 수단이다. 문명화된 국가들의 법은 질권을 물권으로 보았으며 주민들에게 그런 권리로 주장할 자유를 부여하고 있다.

독점권은 예를 들어 서적상이 어떤 책을 일정 기간 동안 팔게 하고 그 기간에 다른 사람은 그 책을 팔지 못하도록 할 수 있는 그런 권리이다. 이 권리는 대부분 민법에 의해 생긴다. 물론 이 독점권 중 일부 소수의 권리는 자연권이다. 시민 정부가 생기기 이전부터 사냥꾼들의 나라(수렵사회)에서 이런 예가 보인다. 어떤 사람이 토끼를 발견한 다음에 한 동안 추적하고 있다면, 그 사람은 그 토끼를 사냥할 독점권을 누린다. 이때 사냥꾼은 다른 사람이 사냥개들을 풀어 그 토끼를 사냥하지 못하도록 막을 수 있다.

상속인도 자신이 물려받을 유산을 놓고 거기에 딸린 부채 등을 고려하며 상속을 받는 것이 진정으로 유리한지 여부를 따지는 사이에 다른 사람이 그 유산을 받지 못하도록 막는 독점권을 갖는다.

대인권에는 3가지 종류가 있다. 계약에 따른 것이냐, 준(準)계약에 따른 것이냐, 아니면 불법행위에 따른 것이냐에 따라 나뉜다.

계약의 바탕은 합리적인 기대이다. 이 기대는 약속을 하는 사람이 상대방의 내면에 일으키는 것이며, 이때 약속을 하는 사람은 그 약속을 이행해야 한다.

준계약은 사람이 다른 사람의 일로 야기된 수고나 비용에 대해 보상을 요구할 권리를 말한다. 만약에 어떤 사람이 길을 가다가 시계를 주웠다면, 그 사람은 사례금을 요구할 권리를 갖고 또 소유자를 찾기까지 든 비용을 청구할 권리를 갖는다. 그래서 어떤 사람이 나에게 돈을 빌려준다면, 그 사람은 빌려준 돈만 아니라 이자에 대한 권리까지 갖는다.

불법행위는 범의(犯意)에 의해서든 아니면 중과실(重過失)에 의해서든 어떤 사람에게 가해진 피해를 근거로 하고 있다. 피해를 입은 사람은 자신에게 피해를 입힌 사람에게만 피해에 대한 배상을 요구할 권리를 갖는다.

이 일곱 가지 권리의 대상들이 사람의 재산 전체를 이룬다.

자연권의 기원은 꽤 명백하다. 합당한 명분이 없는 한, 사람은 자신의 신체를 부상으로부터 보호하고 자신의 자유를 침해로부터 보호할 권리를 갖는다는 데에 아무도 이의를 제기하지 않는다. 그러나 소유권과 같은 기득권은 설명이 추가로 필요하다. 소유권과 정부는 서로 깊이 얽혀 있다. 소유권의 보호와 소유의 불평등이 처음 정부를 구성했으며, 소유권의 상태는 언제나 정부 형태에 따라 달라졌다. 민법학자들은 먼저 정부부터 고려하고 그 다음에 소유권과 다른 권리를 논한다. 이 주제에 대해 글을 쓴 또 다른 사람들은 후자부터 먼저 다룬 다음에 가족과 시민 정부를 고려한다. 이 방법들은 저마다 몇 가지 이점을 갖고 있다. 그럼에도 민법학자들의 접근 방법이 대체로 더 바람직한 것 같다.

목차

제1부

공법(公法)에 대하여

1장
정부의 기원에 대하여

사람들이 시민 사회를 형성하도록 하는 원칙이 두 가지 있다. 이 원칙을 우리는 권위의 원칙과 효용의 원칙이라고 부를 것이다. 사람들로 이뤄진 작은 단체나 협회를 보면, 그것을 이끄는 사람은 대부분 탁월한 능력을 지닌 사람이다. 호전적인 단체라면, 가장 윗자리를 차지하고 있는 사람은 힘이 탁월한 사람일 것이다. 반면에 교양 있는 세련된 단체라면, 지도자는 정신적 능력이 탁월한 사람일 것이다.

권력을 오래 행사하거나 나이가 많으면 권위가 커지는 경향이 있다. 우리의 상상력 속에서 자연히 나이는 지혜나 경험과 연결되고, 권력이 지속되는 경우엔 권력을 행사할 권리 같은 것을 갖는 것으로 그려진다. 그러나 권위의 형성에 이런 특성들보다 훨씬 더 큰 힘을 발휘하는 것은 특출한 부(富)이다. 이는 가난한 사람들이 부자에게 의존하기 때문에 나타나는 현상이 아니다. 왜냐하면 대체로 가난한 사람들도 자신의 노동을 바탕으로 독립적으로 살아가고 있기 때문이다. 가난한 사람들은 부유한 사람들에게 어떤 혜택도 기대하지 않으면서 존경을 표하려는 경향을 강하게 보인다. 이 같은 경향은 『도덕 감정론』(Theory of Moral Sentiments)에 충분히 설명되어 있다. 이 책을 보면, 부유한 사람들을 존경하려는 경향이 사람들이 자신과 농등하거나 열등한 사람들보다 자신보다 탁월한 사람들과 더 쉽게 공감한다는 사실에서 비롯된다는 것이 확인되고 있다. 사람들은 자기보다 탁월한 사람들의 행복한 상황을 동경하고, 그 상황을 기꺼이 이해하려 들고, 또 그 상황을 증진시키려 노력한다.

훌륭한 사람들을 놓고 그들의 육체와 정신의 탁월한 능력을 판단하는 것은 그리 쉬운 일이 아니다. 그렇기 때문에, 부(富)가 사람들의 눈에 확 두드러지는 까닭에 부를 우선시하는 것이 훨씬 더 편하다. 전통 깊은 가문, 즉 오랫동안 부에 의해 뚜렷이 구별되었던 가문은 다른 가문들보다 틀림없이 더 큰 권위를 갖는다.

벼락부자는 언제나 불쾌한 존재이다. 우리는 벼락부자가 우리보다 탁월하다는 점을 시기하고 또 자신도 그 사람만큼 부를 이룰 자격을 갖추고 있다고 생각한다. 어떤 사람의 할아버지가 찢어지게 가난했던 탓에 나의 가족에 얹혀살았다는 이야기를 들었는데, 그 사람이 나보다 더 높은 사회적 지위를 누리고 있다면, 그런 모습을 보는 것 자체가 나에겐 고통스런 일이 될 것이다. 당연히 나는 그 사람의 권위를 받아들이길 주저할 것이다. 나이, 육체와 정신의 탁월한 능력, 역사 깊은 가문, 거대한 부는 그런 것들을 갖춘 사람에게 다른 사람들을 지배할 권위를 주는 4가지 요소인 것 같다.

사람들이 행정장관에게 복종하도록 만드는 두 번째 원칙은 효용이다. 누구나 사회가 정의와 평화를 유지하기 위해 이 원칙이 필요하다고 느낀다. 국가의 제도를 통해서 가난한 사람들은 부유하고 막강한 사람들로부터 받은 침해를 바로잡을 기회를 가질 것이다. 개별적인 예를 놓고 보면 틀림없이 약간의 변칙이 있을지라도, 우리는 그보다 더 큰 악을 피하기 위해 국가의 제도에 복종한다. 사람들이 국가의 제도에 복종하도록 만드는 것은 사익보다 공익에 대한 인식이다. 간혹 국가의 제도에 불복종하고 정부가 전복되기를 바라는 것이 나의 이익에 보탬이 될 수도 있지만, 나는 다른 사람들의 경우에는 나와 의견이 달라서 정부를 전복시키려는 나의 노력을 지지하지 않을 수 있다고 생각한다. 그래서 나는 국가 전체의 이익을 위해 정부의 결정에 복종한다.

만약에 정부가 어떤 한 나라에서 오랫동안 이어져왔고 또 적절한 세입으로 지탱함과 동시에 유능한 사람들에 의해 운영되고 있다면, 그때는 정부의 권위가 완벽한 상태이다.

모든 정부에서 이 두 가지 원칙이 어느 정도는 작동한다. 그러나 군주주의에서는 권위의 원칙이 지배적이고, 민주주의에서는 효용의 원칙이 지배적이다. 혼합 형태의 정부인 브리튼(잉글랜드 왕국과 스코틀랜드 왕국이 1707년에 합쳐져 그레이트 브리튼 왕국이 되었으며, 1801년에 여기에 아일랜드 왕국이 결합하면서 '그레이트 브리튼 아일랜드 연합 왕국'이 되었다. 오늘날 이 나라를 우리는 영국이라 부른다/옮긴이)을 보면, 휘그와 토리라는 이름의 파벌은 이 원칙들의 영향을 받았다. 휘그당은 정부의 효용과 정부에서 끌어낼 수 있는 이점 때문에 정부에 복종한 반면, 토리당은 정부기 신성한 제도이기 때문에 정부에 반하는 행동을 하는 것은 아이가 부모에 반항하는 것이나 비슷한 범죄 행위라고 주장했다. 사람들은 대체로 타고난 성향에 따라 이 원칙 중 어느 하나를 더 강하게 따른다. 대담하고 활기찬 성향인 사람의 경우에는 효용의 원칙을 중요하게 여기고, 평화적이고 온건한 정신의 소유자는 대체로 상위의 조직이나 존재에 기꺼이 복종하려 들 것이다.

브리튼에는 행정장관에 대한 충성의 바탕에 어떤 계약이 자리 잡고 있다는 것이 일반적인 원칙으로 내려오고 있다. 그러나 다음과 같은 이유로 그렇지 않다는 주장이 제기된다.

우선, 원래부터 어떤 계약이 있었다는 원칙은 브리튼에만 특유하다. 계약에 대한 인식이 전혀 없는 곳에서도 통치가 일어나고 있는 것이다. 브리튼 국민 대다수에게도 계약 같은 생각은 전혀 없다. 평범한 짐꾼이나 일용직 노동자에게 행정장관에게 복종하는 이유가 무엇인지 한 번 물어보라. 그러면 그 사람은 그렇게 복종하는 것이 옳고, 또 다른 사람들도 복종하고 있고, 복종하길 거부했다간 처벌을 받거나 아니면 그렇게 하지 않는 것은 신에게 죄를 짓는 것이기 때문이라는 식으로 대답할 것이다. 그런 사람들의 입에서 행정장관에게 복종하는 것은 그렇게 하도록 계약이 되어 있기 때문이라는 식의 말은 절대로 나오지 않을 것이다.

둘째, 정부의 권력이 어떤 조건에서 특정한 사람들에게 처음으로 부여되었을 때에는 그들에게 그 권력을 부여한 사람들이 복종한 것은 어떤 계약에 근거했다는 말이 맞다. 그러나 이 사람들의 후손은 그 계약과 아무런 관계가 없다. 후손들은 그 계약에 대해 전혀 알지 못하며 따라서 계약에 묶일 필요가 없다. 그러면 당신이 그 나라에 남는다는 것은 곧 그 계약에 암묵적으로 동의하는 것이며, 따라서 그 계약에 묶여야 한다는 식의 반론이 제기될 것이다. 하지만 당신이 어떻게 그 나라에 남지 않을 수 있단 말인가? 어느 누구도 당신에게 그 나라에서 태어날 것인지 말 것인지에 대해 물은 적이 없다. 그런데 당신이 어떻게 그 나라에서 빠져나올 수 있겠는가?

대부분의 사람들은 다른 언어를 전혀 모르고, 다른 나라에 대해서도 전혀 모르고, 또 가난하다. 그래서 그들은 자신이 태어난 곳에서 멀리 벗어나지 못한 채 생계를 위해 노동해야 한다. 따라서 그들이 복종할 뜻을 아주 강하게 느낄지라도 그들이 어떤 계약에 동의했다는 식으로 말할 수는 없다. 어떤 나라에 남는다는 것은 곧 정부에 복종하겠다는 계약에 동의하는 것이나 마찬가지라고 생각하는 것은 어떤 사람을 배에 강제로 태워 육지에서 멀리 나간 다음에 그 사람이 배 안에 있기 때문에 선장에게 복종하기로 계약을 맺었다고 주장하는 것이나 다를 바가 없다. 인류에게 대단히 생소한 원칙이 어떤 의무의 바탕이 될 수는 없다. 아무리 혼란스러운 원칙일지라도, 사람들은 자신의 행동의 바탕이 되고 있는 원칙에 대해 어느 정도는 알 수 있어야 한다.

그러나 다시 말하지만, 원래의 계약이란 것이 있다고 전제한다면, 당신은 나라를 떠남으로써 스스로 더 이상 그 나라의 국민이 아니며 그 나라에 진 의무에서 벗어날 것이라고 명백히 선언할 수 있어야 할 것이다. 그런데도 국가는 당신을 자국 국민이라고 주장하면서 그런 행동을 하는 당신을 처벌할 것이다. 만약에 사람이 그 나라에서 산다는 것 자체가 그 전에 이뤄진 합의에 대한 동의를 암시한다면, 그거야말로 아주 불공정한 처사일 것이다. 만약에 원래의 계약 같은 것이 있다면, 어느 한 국가를 다른 국가들보다 더 선호해서 그 나라로 들어오는 외국인이야말로 그런 계약에 가장 확실하게 동의하는 사람일 것이다. 그럼에도 그 국가는 외국인에 대해 자신의 모국을 먼저 생각할 사람이라는 편견을 버리지 못하고 늘 의심한다. 그리고 다른 나라로 들어온 외국인은 자신의 뜻과 상관없이 그 나라에서 태어난 국민들보다 신뢰를 덜 받는다. 잉글랜드의 법은 이 원칙의 영향을 아주 강하게 받고 있다. 그렇기 때문에 어떠한 외국인도 공직에 오르지 못한다. 의회의 법령에 의해 귀화했더라도 마찬가지이다. 더욱이, 만약에 그런 계약이 존재하는 것으로 여겨진다면, 어떤 사람이 관직에 들어갈 때마다 국가가 그 사람에게 충성 서약을 요구하는 이유는 무엇인가? 사전에 한 계약이 있다고 전제한다면, 그 계약을 갱신해야 하는 경우는 도대체 어떤 경우인가? 서약의 파기나 반역은 아주 중대한 범죄이며 모든 나라에서 단지 이행만을 요구하는 계약의 파기보다 훨씬 더 무겁게 처벌되고 있다. 그러므로 서약의 파기나 반역은 다른 차원의 행위임에 틀림없다. 이런 식으로 말하는 이유는 작은 계약은 그 안에 그보다 더 큰 계약을 결코 담지 못하기 때문이다. 그러므로 계약은 시민 정부에 대한 복종의 원칙이 될 수 없으며, 앞에서 설명한 권위의 원칙과 효용의 원칙이 복종의 원칙이다.

2장
정부의 본질과 사회 형성
초기의 정부의 발전에 대하여

이젠 정부의 본질과 정부의 다양한 형태, 정부를 탄생시킨 환경, 정부가 유지된 방식 등에 대해 설명할 것이다.

정부의 형태는 아무리 다양해 보일지라도 3가지 형태, 즉 군주제도와 귀족제도, 민주제도로 압축될 것이다. 이 3가지 형태는 아주 다양한 방식으로 서로 섞여 있을 것이며, 대체로 정부 안에서 어느 형태가 지배적이냐에 따라 정부의 이름이 정해진다.

군주제도를 채택한 정부는 최고의 권력과 권위가 어느 한 사람에게 집중되는 정부이다. 이 사람은 무엇이든 자신의 뜻대로 할 수 있다. 전쟁을 선포하거나 강화조약을 체결할 수 있고, 또 세금을 부과할 수 있는 것이다.

귀족제도를 채택한 정부는 그 나라 안에서 어떤 신분에 속하는 사람이 국가를 운영할 행정장관을 선택하는 권한을 갖는 정부이다. 이 신분은 돈이 기준이 될 수도 있고 가문이 기준이 될 수도 있다.

민주제도를 채택한 정부는 국가를 운영할 권리가 국민 전체에게 있는 정부이다.

귀족제도와 민주제도를 채택한 정부는 공화주의 정부라 불릴 수 있다. 그렇다면 정부의 구분은 크게 군주제도 정부와 공화제도 정부로 나뉠 수 있다.

정부의 개념을 적절히 알기 위해선 최초의 형태의 정부를 고려하고 이 형태에서 다른 형태의 정부들이 어떤 식으로 생겨나게 되었는지를 관찰할 필요가 있다.

사냥꾼들로 이뤄진 국가(수렵 시대)에는 정부가 전혀 없다. 그런 사회는 몇몇 독립적인 가족들로 이뤄져 있으며, 이 가족들은 같은 마을에 살며 같은 언어로 말하고 상호 안전을 위해 서로 뭉치기로 합의했지만 서로에게 권력은 전혀 행사하지 않는다. 어떠한 범죄에나 사회 전체가 개입하고 나선다. 가능하다면, 사회는 범죄 문제를 당사자들이 해결하도록 한다. 그것이 가능하지 않으면, 사회는 범죄의 성격에 따라서 범죄를 저지른 사람을 사회에서 추방하거나 죽이거나 침해를 당한 사람에게 양도한다. 그러나 사냥꾼들로 이뤄진 사회는 본격적인 정부가 절대로 아니다. 왜냐하면 사냥꾼들 사이에도 동료들의 존경을 많이 받고 또 결정에 영향력을 특별히 많이 행사하는 사람이 있겠지만, 그 사람은 사회 전체의 동의를 얻지 않고는 어떠한 일도 하지 못하기 때문이다.

따라서 사냥꾼들 사이에는 정식적인 정부가 전혀 없다. 그들은 자연의 법에 따라 살아간다.

재산의 불평등을 초래한, 야생 동물의 사유화가 본격적인 정부가 처음 생겨나게 만든 요소였다. 소유권이 생겨나기 전까진 어떠한 정부도 존재할 수 없있다. 징부의 목적이 부(富)를 안전하게 지키고, 부유한 사람들을 가난한 사람들로부터 보호하는 것이기 때문이다.

이 같은 양치기들의 시대(유목 시대)에, 어떤 사람이 소를 500마리 소유하고 있는데 다른 사람은 한 마리도 갖고 있지 않다면, 그런 경우엔 소를 가진 사람에게 소의 소유를 보장해줄 정부가 없다면 그 사람이 소를 소유하는 것은 불가능한 일일 것이다. 이런 식으로 생겨난 재산의 불평등은 부유한 사람과 가난한 사람을 만들어내면서 부자가 가난한 사람들에게 영향력을 행사하도록 했다. 왜냐하면 양이나 소를 전혀 갖지 않은 사람들은 양이나 소를 가진 사람들에게 의존하지 않을 수 없게 되었기 때문이다.

상황이 이런 식으로 전개된 이유는 가난한 사람들이 사냥으로 생계를 꾸릴 수 없게 된 데 있다. 부자들이 예전의 사냥감을 길들여 자신의 소유로 만들어 버렸기 때문이다. 따라서 다수의 양과 소를 자신의 소유물로 만든 사람들은 당연히 나머지 사람들에게 큰 영향력을 행사할 수 있게 되었다. 우리가 '구약 성경'에서 아브라함과 롯을 비롯한 일부 가장들이 마치 소국의 군주처럼 행세하는 모습을 보는 이유도 바로 거기에 있다.

양치기들의 나라에서 이 같은 재산의 불평등은 그 후의 어떤 시대보다 더 큰 영향력을 발휘한 것으로 확인되고 있다. 지금도 어떤 사람이 엄청난 재산을 지출할 수 있지만, 그 지출로 인해 그 사람에게 종속되는 사람은 거의 없다. 그런 지출로 인해 기술과 제품은 증대될 것이지만, 그런 지출에 종속되어 사는 사람은 극히 드물다.

그러나 양치기들의 국가에서는 상황이 아주 달랐다. 양치기들의 국가에서 부자들은 자신의 재산을 지출하거나 가정에서 사치를 누릴 수단을 전혀 갖지 못했다. 그러나 그들은 재산을 가난한 사람들에게 선물로 줌으로써 그들에게 영향력을 행사할 수 있었고, 그 결과 가난한 사람들을 자신들의 노예로 만들 수 있었다.

이젠 어떻게 해서 어느 한 사람이 나머지 사람들에게 권력을 행사할 수 있게 되었는지, 그리고 어떻게 족장이 등장하게 되었는지에 대해 설명할 것이다. 어느 한 국가는 서로 만나 함께 살기로 동의한 많은 가족들로 이뤄진다. 이 가족들이 공적인 모임을 가질 때면, 거기엔 언제나 나머지 사람들보다 영향력이 더 강한 사람이 한 사람 있을 것이다. 이 한 사람이 그 가족들의 의결을 주도하고 관리할 것이다. 이런 행위가 바로 미개한 나라에서 족장이 갖는 권력이다. 족장이 그 나라의 지도자이기 때문에, 그의 아들은 자연히 젊은이들의 우두머리가 되고 이어 자기 아버지가 죽으면 아버지의 권력을 물려받게 된다. 이리하여 족장의 지위가 세습된다.

사회가 발전하는 과정에 족장의 권력이 다양한 상황에 의해 증대되기에 이르렀다. 족장이 받는 많은 선물은 그의 재산을 증식시키고, 따라서 그의 권력을 증대시킨다. 미개한 국가에서 족장을 찾아가거나 족장에게 관심을 부탁할 때에는 어느 누구도 빈손으로 가지 않는다. 문명국가의 경우에는 선물을 주는 사람이 선물을 받는 사람보다 우위에 서지만, 미개한 국가에서는 정반대 현상이 나타난다.

정부에 속하는 다양한 권력을 고려하고, 또 동시에 그 권력이 어떤 식으로 분배되었는지, 그리고 사회가 처음 형성되던 시기에 그 권력이 어떤 식으로 전개되었는지를 살필 것이다.

정부의 권력은 3가지, 즉 공익을 위해 법률을 만드는 입법권과 개인들이 이 법을 준수하도록 강제하는 사법권, 전쟁을 선포하고 강화 조약을 맺는 행정권으로 이뤄져 있다.

최초의 형태의 정부에서는 이 모든 권력이 국민 전체에게 있었다. 그러다 세월이 지나면서 입법권이 먼저 도입되었다. 법률을 만들고 우리 자신만 아니라 우리의 후손, 그리고 법률을 만드는 데 결코 동의하지 않았던 사람들까지 구속할 규정을 마련하는 것이 정부가 할 최고의 노력이기 때문에, 입법권이 가장 먼저 도입되었다. 사법권에 대해 말하자면, 두 사람이 서로 싸우는 상황이 벌어지면 당연히 전체 사회가 개입하게 되어 있었다. 이때 당사자들이 화해를 하지 못할 때, 전체 사회는 그들을 사회 밖으로 내쫓아 버렸다. 사회가 형성되던 초기에는 범죄의 종류가 극히 적었으며, 범죄에 버금가는 처벌이 이뤄진 것은 한참 뒤의 일이다.

사냥꾼들 사이에 비겁은 곧 반역으로 여겨지기 때문에, 비겁과 반역이 가장 먼저 처벌을 받은 범죄였다. 사냥꾼들이 몇 사람씩 무리를 지어 소규모로 사냥에 나섰다가 적의 공격을 받았는데 그때 그 집단 중 일부가 달아나면, 나머지 사람은 그 일로 인해 큰 피해를 입게 될 것이다. 따라서 위기 상황에서 도망가는 사람들은 반역으로 처벌되게 되었다.

신들의 명령에 따라 처벌을 내리는 사람은 일반적으로 성직자들이었다. 신의 이름을 빌린 것은 그때만 해도 정부가 아주 허약했기 때문이다. 전쟁을 선포하고 강화조약을 맺는 권력도 마찬가지로 국민에게 속했으며, 따라서 모든 가족의 우두머리들이 그 문제를 놓고 의견을 나눴다.

개인들을 다루는 사법권은 오랫동안 불명확한 모습을 보였다. 사회가 초창기에는 친구로서, 그 다음에는 중재자로서 개입한 것이다. 그러다가 곧 행정권이 절대적으로 행사되기에 이르렀다. 개인들 사이에 이 소 혹은 저 양의 소유권을 놓고 분쟁이 일어날 때에는 사회가 즉시 관심을 보이지 않을 수도 있다. 그러나 전쟁을 벌이고 강화조약을 맺는 문제라면 사정은 달라진다. 사회는 이 문제에 아주 깊은 관심을 보인다. 양치기들의 시대에도 이 권력은 절대적으로 행사되고 있다. 브리튼의 경우에 사법권의 불확실성을 보여주는 흔적은 관찰되어도 행정권에는 그런 불확실성의 흔적이 보이지 않는다. 죄인이 재판정에 나올 때, 그에게 재판을 어떤 식으로 받을 것인지, 말하자면 결투 재판으로 받을 것인지, 시련(試鍊) 재판(피고에게 뜨거운 물이나 불 등으로 육체적 시련을 가하고 그 결과를 바탕으로 유무죄를 가리는 방법/옮긴이)으로 받을 것인지, 아니면 국가의 법으로 받을 것인지를 묻는다. 사회는 단지 죄인이 그 결정을 번복하지 않도록 강제하는 데서 그친다. 잉글랜드에는 지금도 이 물음은 여전히 남아 있다. 물론 그에 대한 대답은 임의적이지 않지만 말이다. 말하자면 지금은 재판을 받는 방법을 피고가 마음대로 결정하지 못하게 되었다는 뜻이다. 더 미개했던 시대에는 끓는 물에 손을 집어넣는 시련 재판을 요구하는 경우가 매우 흔했다. 그 시대에는 자신의 손을 끓는 물에 집어넣은 사람은 거의 무죄로 인정을 받았다. 지금은 이런 방법으로 쉽게 무죄를 인정받지 못하지만 말이다. 사람들이 지속적으로 험한 세상살이에 노출되고 있을 때, 끓는 물은 사람들에게 그다지 큰 영향을 미치지 않을 수도 있었을 것이다. 그러나 세상의 험한 꼴을 많이 피할 수 있게 된 지금은 끓는 물은 사람들에게 엄청난 효과를 미칠 것이다. 이런 식으로 재판을 선택하는 것은 사법 관련 법률의 취약성을 보여주고 있다. 잉글랜드에서는 결투 재판이 엘리자베스 여왕(Queen Elizabeth: 1533~1603) 시대까지 존재했다. 결투 재판은 그 후로 점진적으로 사라지긴 했지만, 정말 터무니없게도 결투 재판을 금지하는 법률이나 법원 판결조차 적절히 갖춰지지 않았다.

사냥꾼들과 어부들의 시대(수렵어로 시대)와 양치기들의 시대(유목 시대)에는 앞에서 살핀 바와 같이 범죄가 드물었다. 사소한 범죄들이 들키지 않고 지나갔기 때문이다. 그 시대에는 오늘날 너무나 많은 소송을 야기하고 있는 유언이나 합의, 계약의 해석을 둘러싸고 논란이 전혀 일어나지 않았다. 그 시대에는 아직 이런 것들이 알려지지 않았기 때문이다. 유언이나 합의, 계약 같은 것이 일어나고 복잡한 거래가 행해지기 시작함에 따라, 갈등이 더욱 빈번하게 발생했다. 그러나 사람들이 대체로 이 일 혹은 저 일에 고용되어 있었기 때문에, 갈등을 빚을 때에는 당사자들도 시간을 내야 했기 때문에 큰 피해를 피할 수 없었다. 따라서 거의 모든 원인들이 해결되지 않은 상태로 남을 수밖에 없었다. 이것이 온갖 불편을 초래했을 것이다.

이런 딜레마에서 벗어나기 위해 사람들은 사회 구성원들에게 보다 적절한 다른 방법을 떠올려야 했다. 그들이 자연스레 떠올린 수단은 온갖 갈등의 이유들을 듣고 해결해줄 사람들을 선택하는 것이었다. 이런 문제가 제기될 경우에, 그 전에 이미 탁월한 영향력으로 뚜렷이 구별되었던 족장은 평소처럼 우선권을 누릴 것이며 자연히 이 목적을 위해 선택될 사람 중 하나가 될 것이다. 아울러 그와 나란히 앉을 몇 사람이 선택되었을 것이다. 사회가 형성되던 초기에는 이 숫자는 언제나 꽤 컸을 것이다. 그 시기의 사람들은 중요한 문제들을 극소수의 사람에게 맡기는 것을 두려워했을 것이다. 아테네에 동시에 500명의 판사가 있었던 것도 당연히 그런 이유 때문이었다. 이런 수단을 통해서 족장은 자신의 권위를 더욱 증대시켰을 것이고, 따라서 정부는 어느 정도 군주제의 형태를 띠게 되었을 것이다. 그러나 이것은 겉모습일 뿐이다. 왜냐하면 최종적인 결정은 여전히 국민 전체에 있었기 때문이다. 말하자면 그런 정부는 진정으로 민주적이었던 것이다.

강화조약을 맺거나 전쟁을 벌이는 권력은 앞에서 관찰한 바와 같이 처음에는 국민 전체에 있었다. 그러나 사회가 발달하고, 도시가 요새화되고, 군수품 창고가 준비되고, 돈이 비축되고, 장군과 장교들이 임명되기에 이르렀을 때, 국민 모두가 이런 종류의 토의에 참가하는 것이 불가능하게 되었다. 이 일은 재판소의 소관이 되든가 아니면 당연히 재판소의 소관이 되어야 함에도 불구하고 이 목적을 위해 임명된 사람들에게 맡겨져야 했다. 이는 원로원 권력이라는 적절한 이름으로 불리고 있다. 로마의 경우 이 원로원 권력은 공공 세입과 공공 건물 등을 관리했다. 그러나 그 후로 로마에서 재판소와 원로원 권력은 뚜렷이 구분되었다. 고대 아테네의 아레오파고스 법정에 대해서도 똑같이 말할 수 있다.

이젠 사회가 형성되던 초기 두 시대의 국가, 즉 사냥꾼들의 국가와 양치기들의 국가를 관찰하도록 하자.

사냥꾼들과 어부들의 국가의 경우에 함께 살 수 있는 사람의 숫자가 아주 작다. 왜냐하면 어느 한 곳에서 사람들이 함께 살 경우에 시간이 조금 지나면 그곳의 사냥감이 다 사라질 것이고, 따라서 생계 수단이 부족해질 것이기 때문이다. 서로 함께 어울려 살기에 적절한 가족의 수는 보통 20가족 혹은 30가족이다. 이만한 숫자의 가족들이 하나의 마을을 이룬다. 그러나 그들은 상호 방어를 위해 함께 살아야 했고 또 서로 도와야 했기 때문에, 그들의 마을은 서로 멀리 떨어지지 않았다. 다양한 마을의 사람들 사이에 갈등이라도 일어나면, 그 문제는 관련 있는 마을들의 총회에서 결정된다. 각 마을이 자신만의 지도자를 두고 있듯이, 전체 국가의 지도자도 한 사람 있다. 국가는 다양한 마을들의 동맹으로 이뤄져 있고, 족장은 마을들 사이의 문제를 해결하는 데에, 특히 양치기들 사이의 문제를 해결하는 데에 영향력을 강하게 행사한다. 이 시대만큼 가문의 역사가 높이 존경을 받았던 시대도 없다. 권위의 원칙이 매우 강하게 작용하고 있으며, 사람들은 법과 정부를 유지하는 일에 효용의 필요성을 강하게 느낀다.

이 국가들의 행위가 평화의 시기이냐 전쟁의 시기이냐에 따라 어떻게 달라지는가 하는 문제도 관찰할 만한 가치가 충분하다.

사냥꾼들은 용감하고 당당할지라도, 인류 역사에서 그들이 크게 활용된 예는 한 번도 없다. 사냥꾼들이 한꺼번에 앞으로 나아가는 경우는 극히 드물다. 그렇기 때문에 사냥꾼의 숫자는 좀처럼 200명을 넘지 않으며 이 숫자마저도 2주일 이상 버텨내지 못한다. 따라서 사냥꾼들의 국가가 위험을 안겨줄 가능성은 극히 적다. 브리튼의 식민지들은 정당한 근거도 없이 사냥꾼들을 크게 두려워하고 있다. 사냥꾼들도 브리튼 식민지의 정착민들에게 침입이나 급습 등으로 어느 정도 문제를 안길 수는 있지만 가공할 만한 위험을 안기지는 않는다.

한편, 양치기들은 그보다 훨씬 더 많은 수가 함께 살 수 있다. 같은 마을에 천 가족이 함께 살 수도 있다. 언제나 양치기로 살고 있는 아랍인과 타타르인은 종종 아주 무서운 혼란을 야기한다. 타타르인의 족장은 대단히 무섭다. 족장 중 어느 한 족장이 다른 족장을 능가할 때, 거기에는 언제나 무시무시한 혁명이 일어난다. 타타르 족장은 양 떼나 소떼와 함께 벌판을 떠돌아다니며, 패배한 족장은 자신의 사람들과 부를 동시에 잃는다. 승리를 거둔 국가는 가축 떼를 몰고 돌아다니며 정복을 추구한다. 만약에 이 국가가 상당수의 국민을 거느린 수준 높은 국가로 들어가게 되면, 그 국가는 꽤 강력해진다. 마호메트(Mahomet)가 아라비아를 약탈한 것이 바로 이런 식이었다.

미개한 국가와 조금 문명화된 국가 사이에는 엄청난 차이가 있다. 사람들이 토지를 나누지 않은 가운데 오두막을 손수 짊어지고 다니며 사는 곳에선, 어느 누구도 땅에 애착을 가질 수 없다. 왜냐하면 그들의 재산 전부는 쉽게 갖고 다닐 수 있는 생활용품으로 이뤄져 있기 때문이다. 그러기에 미개한 국가들은 언제든 떠날 준비가 되어 있다. 그래서 헬베티아족(현재의 스위스와 독일 남부 지역에 살았던 갈리아족 중 하나/옮긴이)과 테우토네스족(스칸디나비아에 살았던 게르만족 중 하나/옮긴이), 킴브리족(고대 게르만족의 하나로 게르만족 이동을 이끌었다/옮긴이) 사이에 그런 이주가 발견된다. 오랫동안 중국 성벽 북쪽에서 살았던 훈족은 아조프 해의 남쪽에 있던 동고트족을, 그리고 다시 서고트족을 몰아냈다.

3장
공화주의 정부는 어떻게 등장했나?

정부가 기원한 배경과 사회가 최초로 형성되던 시기의 정부의 발달을 살펴본 결과, 최초의 정부는 민주적이었다는 사실을 확인할 수 있었다. 이제는 공화주의 정부가 어떻게 등장하게 되었는지를 고려해 볼 것이다.

나라의 입지 조건과, 그 나라가 토지 경작뿐만 아니라 다른 일의 분야에서 이룬 발전이 공화주의 정부의 등장에 이롭게 작용한다는 것이 대체로 관찰될 것이다. 타타르 지역이나 아라비아에 그런 형태의 정부가 도입될 가능성은 아주 작다. 왜냐하면 그 나라들의 조건은 그런 정부가 발달할 수 없는 상황이기 때문이다. 타타르 지역이나 아라비아의 대부분은 경작이 불가능하고 목축에만 적합한 구릉이나 사막이다. 게다가, 이 구릉과 사막은 전반적으로 건조하며 거기엔 큰 강이 없다.

이와 정반대의 예가 공화주의 정부가 확립된 나라들, 특히 그리스이다. 아티카 지방의 3분의 2는 바다로 둘러싸여 있고, 다른 한 면은 높은 산맥에 막혀 있다. 이는 곧 그 지방이 바다를 통해 이웃 국가들과 교류하고 또 동시에 그 이웃 국가들의 침입으로부터 안전을 누린다는 것을 의미한다. 대부분의 유럽 국가도 똑같은 이점을 누리고 있다. 유럽 국가들은 강과 바다에 의해 나뉘어져 있고, 그래서 자연히 토지의 경작과 다른 기술의 배양에 적합하다.

이제 우리는 이런 조건이 공화주의 정부의 발달에 얼마나 이로운지를 볼 것이다. 아티카 지방에서도 사회가 발달하는 초기에는 정부의 발달이 앞에서 설명한 타타르 지방이나 다른 국가들과 상당히 비슷했을 것이라고 가정하는 것이 합리적이다. 실제로 트로이 전쟁 당시에 아티카 지방도 다른 국가들과 아주 비슷한 상황이었다는 사실이 확인된다. 왜냐하면 거기서도 토지의 경작이 거의 혹은 전혀 이뤄지지 않았고 가축이 재산의 중요한 부분이었기 때문이다. 기원전 8세기 경의 그리스 시인 호메로스(Homer)의 작품에 나오는 재산에 관한 모든 내용은 가축에 관한 것이다. 아티카에서도 그 시기의 다른 모든 나라에서와 마찬가지로, 족장이 자신의 가신에게 행사한 영향력은 대단히 컸다. 토지 분할이 일어나고 땅의 경작이 전반적으로 이뤄질 때, 그런 나라에 거주하는 사람은 자연히 자신의 산물 중 잉여분을 이웃들에게 처분했을 것이며, 이것이 산업을 일으키게 하는 자극제가 되었을 것이다. 그러나 동시에 그 잉여분은 이웃들에게 그들을 침입하고 싶은 유혹을 느끼게 했을 것이다. 그래서 그런 나라의 사람들은 자신을 위험으로부터 보호하고 또 힘들여 확보한 것을 안전하게 지킬 조치를 취해야 했다. 나라 전체의 변경을 요새화하는 것보다는 편리한 곳의 도시를 요새화하기가 훨씬 더 쉬웠을 것이다. 따라서 그들은 도시를 요새화하는 방법을 채택했다. 그들은 가장 적절한 곳에 요새화된 도시를 건설했다. 외적의 침입을 받을 때마다, 그들은 가축과 동산을 끌고 그곳으로 피난을 가 거기서 기술과 과학을 발전시켰다. 이 이론을 뒷받침하는 사실들이 발견된다.

고대 아테네의 전설적 왕 테세우스(Theseus)는 아테네를 요새화하고 아티카의 사람들에게 모든 재화를 그곳으로 옮기도록 했다. 이는 테세우스가 이 사람들을 지배할 권력을 강화시켰을 뿐만 아니라 아테네가 다른 국가들에도 권력을 행사할 수 있도록 했다. 사람들이 이런 식으로 도시에 사는 것에 동의했을 때, 몇몇 도당의 족장은 곧 자신의 권력을 잃게 되었을 것이고 그 정부는 공화제가 되었을 것이다. 왜냐하면 족장들의 세입이 적고 따라서 족장들이 다른 사람들이 자신을 의존하며 살 수 있도록 할 만큼 특출하지 못했기 때문이다. 시민들은 점진적으로 부를 증대시켜 족장의 수준에 가까워짐에 따라 족장의 권력을 시기하기에 이르렀을 것이다. 따라서 우리는 테세우스 본인이 축출당하는 것을 확인하게 된다. 이 일이 있은 뒤, 9명의 집정관이 구성되었다. 이들의 권력은 처음에 종신제였으나 훗날 10

년으로 제한되었다. 따라서 아테네는 그리스의 모든 국가들과 마찬가지로 족장 통치에서 군주제도와 비슷한 것으로, 거기서 다시 귀족제도로 바뀌어 갔다. 대체로 보면, 앞에서 관찰한 바와 같이, 세입은 다수의 족장의 권위를 뒷받침하기에 불충분했으나, 소수의 족장이 더 큰 부를 수중에 넣으면서 귀족정치를 형성하고 있다.

고대의 귀족정치와 현대의 귀족정치 사이에는 상당한 차이가 있다는 사실이 관찰될 것이다. 베네치아와 밀라노 같은 현대의 공화국을 보면, 국가의 통치가 전적으로 정부의 3가지 권력을 모두 소유한 세습 귀족의 수중에 있다. 현대의 귀족정치나 고대의 귀족정치나 똑같이 국민이 권력을 잡을 사람들을 선택했으나, 둘 사이에는 다음과 같은 중요한 차이가 있다. 현대의 귀족정치에서는 귀족만이 권력의 자리에 선출될 수 있다는 점이다.

이 차이의 원인은 노예제도에 있다. 자유민들이 자신의 일을 모두 노예들에게 맡기게 되었을 때, 그들은 공적 토론에 참석할 권리를 누렸다. 그러던 것이 토지가 자유민들에 의해 경작되게 되자, 지위가 낮은 자유민들은 공적 토론에 참석할 권리를 누릴 수 없게 되었다. 그러나 노동을 해야 하는 상황에선 자유민 본인도 자신들의 이익을 고려하여 굳이 그런 토론에 참석하지 않으려 들었을 것이다. 이 같은 이론을 뒷받침하는 증거가 있다. 베네치아에서 민중은 공적 토론으로부터 자유롭기를 바랐다. 마찬가지로, 네덜란드의 도시들은 공적 토론을 자발적으로 도시 의회에 넘겼으며, 그 결과 도시 의회는 전권을 부여받게 되었다.

　그리스와 로마의 공화국에서는 이런 일이 전혀 일어나지 않았다. 이 국가들은 초기에 민중이 전권을 누렸음에도 귀족정치로 불렸다. 왜냐하면 이 국가들은 늘 행정장관을 귀족 중에서 선택했기 때문이다. 이 국가들은 다른 방식으로 행정장관을 선출하는 것을 법으로 명백히 금지하지 않았으나 귀족 중에서 행정장관을 선출하는 것이 관습이었다. 왜냐하면 낮은 계층이 부유한 사람들의 재산에 의지해 살아왔고 따라서 자신들에게 많은 것을 베푸는 사람들에게 표를 던졌기 때문이다. 귀족들 사이에 선거에 대한 의견이 다를 수 있었지만, 귀족이 나서서 평민도 선출하도록 하자고 제안한 적은 한 번도 없었을 것이다. 따라서 귀족의 영향력이 곧 법이었으며, 평민의 선출을 명백히 금지하는 조치는 없었다.

　아테네에서 솔론(Solon:B.C.640-B.C.558)은 국민을 이루는 4개의 계급 중 가장 낮은 계급의 사람은 선출직에 나서지 못하도록 했다. 그러나 훗날에 행정장관들이 모든 계급에서 선출되었으며, 따라서 정부는 민주주의 정부가 되었다.

　로마에서 선출직에 오를 권리가 전 국민으로 확대된 것은 한참 뒤의 일이다. 10인 위원이 임명된 뒤에, 국민의 권력이 귀족의 권력을 조금씩 잠식하기 시작했으며 이어 군사위원회(military tribune)가 선출된 뒤에는 귀족의 권력을 더욱 많이 잠식하게 되었다. 이런 일이 벌어지도록 만든 요소는 기술과 제조업의 발달이었다.

어떤 사람이 예전에 100명의 종자(從者)를 부양했던 돈을 가정의 사치품에 지출할 수 있게 될 때, 자연히 그 사람의 권력과 영향력은 약해지게 마련이다. 게다가, 신분이 높은 사람들은 대체로 모든 일을 자신의 노예에게 맡겼고, 따라서 재봉사들과 구두 제조자들은 더 이상 귀족에게 의존하지 않게 되었기 때문에 굳이 귀족에게 표를 주지 않아도 되었을 것이다. 그런 때에 민중의 지도자들은 자신들이 행정 장관으로 선출될 수 있는 법을 통과시키려고 노력했다. 대다수 평민들이 동의하기 오래 전부터 이런 노력이 전개되었다. 평민들이 이 같은 움직임에 쉽게 동의하지 않은 이유는 자신들과 동등한 존재를 자신들보다 월등히 더 높은 자리에 앉힌다는 것 자체가 바람직하지 않게 여겨졌기 때문이다. 그러나 세월이 흐름에 따라, 평민들은 권력을 잡는 귀족과 평민의 수를 똑같이 하는 데에, 말하자면 집정관을 평민과 귀족이 각각 한 명씩 맡도록 하는 데에 성공했다.

4장
자유는 어떻게 상실하게 되었나?

공화국이 탄생한 과정과 공화국이 다시 민주주의 국가로 변화해가는 과정을 보았다. 이번에는 민주주의 정부가 되면서 누리게 된 자유를 잃게 되고, 군주제나 그것과 비슷한 제도가 도입된 배경을 살필 것이다.

앞에서 묘사한 그런 상황에 처한 국가들이 도시와 그 주변에 작은 영토를 갖고 있었다는 점을 고려한다면, 이 국가들은 옛날부터 내려오던 경계선 안으로 스스로를 국한시키든지 아니면 정복을 통해 영토를 확장하든지 해야 한다. 이 국가들은 방어적인 공화국이 되든가 정복적인 공화국이 되어야 한다. 그리스의 국가들이 방어적인 공화국의 좋은 예라면, 로마와 카르타고는 정복적인 공화국의 예이다. 이 공화국들 각각이 어떤 식으로 자유를 잃게 되었는지를 보여줄 것이다. 방어적인 국가들이 자유를 잃은 과정부터 먼저 보자.

어떤 나라가 어느 정도 세련된 모습을 보이게 될 때, 그 나라는 전쟁에는 그 만큼 적절하지 않게 된다. 기술이 꽤 발달하게 될 때, 국민의 숫자는 늘어나지만 전투에 나설 사람들의 숫자는 줄어든다. 양치기들의 국가라면 국가 전체가 전투에 나설 수 있다. 조금 더 세련되고 노동의 분화가 일어나고 모두가 작은 농장을 소유하고 있을 때조차도, 양치기들의 국가는 아주 많은 사람들을 전쟁터로 보낼 수 있다. 이 국가들의 군사 작전은 언제나 여름에 이뤄진다. 씨앗을 뿌리고 나면 수확을 거둬들일 때까지 이 국가들의 젊은이들에겐 군사 작전에 참가하는 일 외에 달리 할 것이 없다. 집안일은 늙은 남자들과 여자들도 할 수 있다. 심지어 늙은 남자와 여자들은 군인이 없는 경우 간혹 적을 물리치기도 한다.

기술이 발달하고 주로 제조업자로 이뤄진 국가는 많은 젊은이들을 전쟁터로 보내지 못한다. 이유는 직조공이나 재단사가 전쟁터로 나갈 경우에 그들이 없는 사이에는 아무 일도 이뤄지지 않을 것이기 때문이다. 브리튼과 네덜란드의 경우라면 전쟁터에 나갈 수 있는 젊은이가 100명 중 1명꼴도 안 된다. 100명의 주민들 중에서 50명은 여자이고, 나머지 50명의 남자 중에서 25명은 전쟁에 부적합한 사람이다. 지난번 전쟁(1756년에 시작한 7년 전쟁을 말한다. 오토만 제국을 제외한 거의 모든 강국이 전쟁에 참가했다. 이 전쟁을 계기로 프랑스는 처음으로 브리튼과 프러시아의 파워를 약화시키기 위한 동맹을 형성한다/옮긴이)에서 브리튼은 그렇게 많은 사람을 전쟁터에 보낼 수 없었다. 누구든지 자신의 지인 25명 중 1명이 전쟁에 참전했는지를 확인해 보면 전쟁에 참가할 수 있는 인구의 규모를 쉽게 짐작할 수 있다. 이 원칙에 따르면, 아테네는 작은 국가임에도 매우 많은 3만 명의 군인을 한꺼번에 전쟁터로 보낼 수 있었을 것이다. 그러나 기술이 발달한 뒤로는 아테네는 1만 명 이상을 보내지 못했을 것이다. 앞의 숫자에 비하면 크게 작은 수치이다. 브리튼은 어느 정도의 예의와 세련을 이루었음에도 불구하고 영토가 넓은 덕에 여전히 매우 위협적인 군대를 보낼 수 있지만 작은 국가는 반드시 쇠퇴하게 되어 있다.

그러나 작은 공화국은 노예제도의 이점을 한 가지 누린다. 노예제도가 작은 공화국들의 쇠퇴를 지연시킬 수 있다는 점이다. 아마 노예제도에 따르는 유일한 이점은 바로 그것일 것이다. 로마와 아테네에서 기술은 노예들에 의해 수행되었고, 스파르타는 그때까지 자유민이 기계를 다루는 직종에 종사하는 것을 허용하지 않았다. 그런 직종이 자유민의 신체를 다치게 할 것이라는 판단에서였다. 아테네 주민들이 상당히 세련된 뒤에 벌어진 카이로네이아 전투(B.C. 338년에 마케도니아 왕국의 필리포스(Philip) 2세가 군을 이끌고 아테네와 테베 연합군과 싸워 승리한 전투를 말한다. 이를 계기로 그리스에서 마케도니아가 주도권을 잡았다/옮긴이)에, 아테네가 상당히 많은 수의 병력을 보낼 수 있었던 것도 바로 이 때문이었다. 모든 일이 노예들에 의해 수행되고 있었던 것이다. 노예제도가 없었던 이탈리아 공화국들은 곧 자유를 잃게 되었다.

기술의 발달로 인해 한 국가가 부유해질 때, 전쟁터로 나가는 일은 엄청난 고역으로 여겨졌음에 틀림없다. 반면에 브리튼의 선조들 사이에는 전쟁터로 나가는 것이 전혀 불편하지 않은 일로 여겨졌다. 기사(騎士)는 기수(騎手)에 지나지 않았고, 보병은 신사였다. 그들은 자국에서도 힘든 일에 익숙했으며, 따라서 군사작전도 전혀 무서운 것이 아니었다. 그러나 풍요와 사치가 늘어나게 되었을 때, 부유한 사람은 대단히 급박한 상황이 아니고는 전쟁터에 나가지 않으려 들었을 것이다. 따라서 전쟁터에 나갈 하층민이나 용병을 고용할 필요가 생겨났다. 그런 식으로 전쟁을 위해 고용된 사람들은 상비군으로 조직되지 않거나 엄격한 훈련을 시키지 않을 경우에는 전쟁에서 신뢰하기 어렵게 된다. 전쟁에 개인적인 이해관계가 거의 걸려 있지 않기 때문이다. 따라서 엄격하게 다루지 않을 경우에 용병들이 전쟁에 매우 용감하게 나설 것이라고 기대하기 어렵다. 젠틀맨(기사보다 아래이고 자유 농민보다 위인 가장 낮은 귀족계급을 말한다/옮긴이)은 훈련을 많이 받지 않아도 전쟁을 제대로 수행할 것이지만, 오합지졸은 절대로 그렇게 하지 못할 것이다.

그리스의 시민들이 무기를 몸에 지니는 것을 하찮게 여기며 공화국을 용병에게 맡겼을 때, 그리스의 군사력은 크게 약화되었으며 이것이 정부의 몰락을 부른 한 원인이 되었다. 그리스가 쇠퇴한 또 다른 원인은 전쟁 기술의 향상이었다. 전쟁 기술의 발달이 모든 것을 불확실하게 만들어버렸다. 도시의 점령이 오랜 기간의 봉쇄에 의해서만 이뤄질 수 있었기 때문에, 역사 초기에는 도시를 점령하는 것이 대단히 힘들었다. 트로이 포위는 10년이나 지속되었으며, 아테네는 한때 육지와 바다 양쪽의 포위를 2년 동안 버틸 수 있었다. 현대에는 포위군이 포위당한 사람들보다 유리하고, 훌륭한 공병이 있으면 거의 모든 도시를 6주 안에 항복시킬 수 있다. 그러나 옛날에는 전대로 그렇지 않았다. 마케도니아의 필리포스는 이 기술 분야에서 큰 발전을 이뤘으며, 이 발전이 결국엔 그리스의 모든 정부들을 해체시키고 그리스가 외국 권력의 지배를 받도록 만들었다. 로마는 그리스보다 훨씬 더 오랫동안 강력한 권력을 유지했다. 이유는 로마 시민들의 숫자가 날로 늘어났기 때문이다. 로마의 경우엔 누구나 시민이 될 수 있었을 것이다. 시민이 되어도 특별한 이점이 별로 없었기 때문이다. 그러나 아테네에서는 극소수에게만 시민의 권리가 주어졌다. 시민권 자체가 하나의 작은 재산이었기 때문이다. 그러나 로마도 풍요와 사치가 증대된 이후에 다른 공화국들과 운명을 같이했다. 물론 그 운명이 다가온 길은 크게 달랐지만 말이다. 마리우스(Gaius Marius:B.C.157-B.C.86)의 시대 이전까지, 자유민 중에서도 보다 높은 계층이 전쟁터로 나갔다. 마리우스는 노예를 모병한 최초의 장군이자 정치가였다. 그는 자유의 몸이 된 노예들을 군대로 끌어 들였으며 엄격한 군사훈련을 확립했다. 예전에 젠틀맨으로 구성되었던 군대가 이젠 탈주 노예들과 하층민으로 구성되었다. 마리우스는 그런 군대를 이끌고 정복에 나섰으며 속주들이 로마 군대를 무서워하게 만들었다. 그는 이 군대의 모든 직위에 대한 인사권을 가졌다. 모든 군인의 승진은 마리우스에 의해 이뤄졌으며, 따라서 모두가 그를 의존하게 되었다.

마리우스 같은 장군은 모욕을 당할 경우에 그 위안을 자신의 군대에서 찾으려 들게 되어 있다. 이때 그의 군대는 쉽게 장군의 편에 서며 국가에 맞서 반란을 일으키게 된다. 마리우스가 동원한 비상 수단도 바로 그런 것이었다. 마리우스는 로마에 없는 사이에 술라(Sulla:B.C.138?-B.C.78)의 영향에 의해 로마로부터 추방당했으며 그의 목에 현상금까지 붙었다. 마리우스는 어떤 일이 있어도 자신을 따르겠다고 맹세한 군대를 믿고 술라가 폰투스의 미트리다테스(Mithridates) 6세를 공격하러 원정에 나섰을 때 정부를 빼앗고 술라의 당을 추방했다. 그 직후 마리우스는 죽고, 술라는 미트리다테스 6세를 이기고 로마로 돌아온 뒤에 마리우스의 당을 격퇴하고 정부를 군주제로 바꾸고 스스로 종신 독재관이 되었다. 훗날 그가 관용과 아량을 발휘하며 자리에서 물러나긴 했지만, 처음에는 그 자신이 독재관이 되었다. 그리고 30년 혹은 40년쯤 지난 뒤에 카이사르(Julius Caesar:B.C.100-B.C.44)와 폼페이우스(Pompey:B.C.106-B.C.48) 사이에 이와 똑같은 일이 벌어졌다. 카이사르는 술라처럼 스스로 종신 독재관에 올랐지만 그 자리에서 물러날 만큼 공공심을 충분히 갖지 못했다. 이탈리아에 정착한 카이사르의 퇴역 군인들은 카이사르가 자신들에게 부여한 혜택에 신경을 쓰면서 그의 사후에 그의 양자인 옥타비우스(Gaius Octavius:B.C.63-A.D.14) 주변에 모여 그에게 최고 권력을 부여했다.

브리튼에서도 올리버 크롬웰(Oliver Cromwell:1599-1658)을 둘러싸고 이와 똑같은 일이 벌어졌다. 의회가 크롬웰을 시기하여 군대를 해산하자, 크롬웰은 로마 장군들이 한 행동보다 더 간청하는 태도로 군대에 의지하면서 의회를 해산시키고 자신의 마음에 드는 의회를 구성한 뒤 자신에게 전권을 부여하게 했다.

지금까지 정복적인 공화국이든 방어적인 공화국이든 작은 공화국들이 기계 기술과 상업, 전쟁 기술의 발달로 인해 최종적으로 해체되는 과정을 살펴보았다.

5장
군사 군주제에 대하여

이번에는 공화주의 정부를 이어받은 정부가 어떤 형태였는지를 볼 것이다.

작은 공화국들이 다른 나라에 정복당했을 때, 그 공화국에 군주제나 정복자의 입맛에 맞는 다른 정부가 세워졌다. 그래도 대체로 보면 정복자들은 점령지에 자기 나라의 모델을 바탕으로 정부를 세웠다. 아테네 사람들은 언제나 점령지에 민주주의 정부를 세웠고, 스파르타 사람들은 언제나 귀족주의 정부를 세웠다. 로마 사람들은 보다 신중하게 점령지를 속주로 나눈 다음에 원로원에서 임명하는 사람에게 그곳을 꽤 독립적으로 통치하도록 했다.

어떤 나라가 그 나라의 국민에게 정복당할 때에는 사정이 다소 달라진다. 정복의 본질과 거기에 동원된 수단이 군사 군주제, 즉 군대의 뒷받침을 받는 군주제를 요구한다. 왜냐하면 그 나라를 정복하는 것 못지않게 그 나라의 국민이 공포를 느끼게 만드는 것도 중요하기 때문이다. 황제들이 통치하던 동안에 로마에 확립된 정부 형태가 바로 이런 것이었다. 이 황제들은 행정권 전부를 자신이 직접 쥐었으며, 적절하다고 생각될 때 전쟁을 벌이거나 강화조약을 체결했으며, 심지어 행정장관들까지도 자신이 직접 임명하거나 자신이 지명한 상원을 통해 임명했다. 그러나 황제들은 민법에는 손을 대지 않았다. 그래서 옳고 그른 것에 대한 판단은 예전처럼 이뤄졌다.

브리튼의 크롬웰도 그와 똑같이 했다. 그는 작은 수의 군대를 통해서 국가를 공포에 떨게 만들었지만 예전처럼 여전히 판사가 옳고 그른 것을 판단하도록 했다. 오히려 그는 후견권 등을 폐지함으로써 민법을 향상시켰다. 그래서 찰스 2세(Charles Ⅱ:1630-1685)의 의회가 가장 먼저 한 일이 크롬웰의 법들 중 많은 것을 승인하는 것이었다.

로마 시대의 저자들은 황제 중에서 최악으로 꼽히는 황제들, 즉 도미티아누스(Domitianus)와 네로(Nero) 시대보다 정의가 더 잘 구현되었던 시대는 없었다는 이야기를 들려주고 있다. 대부분의 국민이 관심을 많이 기울이고 있고 또 오랫동안 익숙했던 것은 가급적 건드리지 않는 것이 새로운 통치자에게 이롭다. 옛날의 법률 체계를 그대로 고수하는 것이 황제들의 이익에 특별히 부합했다. 따라서 우리는 각 속주에서 비행(非行)을 저지른 집정관이 엄격히 처벌받았다는 사실을 발견하게 된다. 그러나 공화국 하에서는 그렇지 않았다. 키케로(Marcus Tullius Cicero:B.C.107-B.C.43)의 웅변을 통해서 알 수 있듯이, 공화국에서 가장 악랄한 범죄는 총독들에 의해 저질러졌다. 군사 정부는 정의를 가장 엄격하게 구현한다. 황제가 직접적으로 관심을 쏟는 분야에서는 어느 누구도 공정한 재판을 받지 못한다. 그런 분야에선 황제가 자기 마음대로 할 것이다. 그러나 황제가 전혀 신경을 쓰지 않는 곳에서는 옛날의 법률을 고수하는 것이 황제의 이익과 부합한다.

로마에 확립된 군사 정부와 아시아에 확립된 군사 정부 사이에 매우 큰 차이가 있었다는 것이 관찰된다. 로마의 경우에는 정복자와 피정복자가 같은 민족이었다. 그래서 정복자 본인도 옛날 법들의 바람직한 효과에 대해 잘 알고 있었으며 따라서 그 법들을 폐지할 뜻이 없었다. 그래서 그들은 그 법을 향상시키는 쪽을 택했다.

아시아 정부들의 경우에는 순수하게 군사적이었음에도 그렇게 하지 않았다. 터키와 페르시아와 다른 국가들은 타타르인과 아라비아인과 다른 미개한 민족에게 정복당했다.

이 정복 민족들은 정식적인 법체계를 전혀 갖고 있지 못했으며 따라서 그런 법의 바람직한 효과에 대해 아는 바가 없었다. 이 정복 민족들은 정복지의 모든 관직에 그 임무에 대해 아무것도 모르는 자기 민족 사람을 앉혔다.

그래서 터키의 파샤(옛날에 터키에서 고관에게 주어진 영예의 칭호/옮긴이)나 다른 하급 공무원은 모든 것에 결정적인 판사 역할을 하고 또 사법권에서 절대적인 권한을 행사한다. 생명과 재산이 하급 치안판사의 변덕에 좌우되는 상황에선 모든 것이 대단히 불확실해 진다. 이보다 더 불행하고 억압적인 정부는 상상이 되지 않는다.

6장
군사 군주제는 어떻게 해체되었나?

작은 국가들의 해체가 어떻게 이뤄졌는지, 뒤이어 생긴 정부는 어떤 형태였는지, 정복에 적극적으로 나선 공화국들이 어떻게 제국주의 정부를 도입하게 되었는지, 그리고 이 제국주의 정부는 어떤 종류의 행정을 택했는지 등을 고려했다. 이제는 군사 군주제가 모든 국가와 헌법을 기다리고 있던 그 해체의 운명을 어떻게 맞게 되었는지를 볼 것이다.

로마에 제국주의 정부가 등장한 것은 기술과 상업이 상당한 정도의 향상을 이뤘을 때였다. 국민은 기술과 상업의 발달과 그에 따른 결실, 즉 사치에 익숙해질수록 전쟁터에 나가는 것을 그만큼 덜 좋아하게 되어 있다. 더욱이 정부도 제조업에 종사하는 사람들을 전쟁터로 내보낼 경우에 세입에 큰 타격을 입을 수 있다는 사실을 깨닫는다. 만약에 이웃에 미개한 민족들이 있다면, 제국주의 정부는 그들을 쉽게 군인으로 고용할 수 있었고 또 그렇게 함으로써 자국의 산업에 피해를 입히지 않을 수 있었다. 이런 사실을 잘 알고 있던 터라, 로마인들은 독일과 브리튼, 그리고 로마 제국과 접한 북쪽의 미개한 나라들로부터 병사들을 마음대로 모집했다. 지난번 전쟁(1756년에 시작한 7년 전쟁을 말한다/옮긴이)이 시작하기 전에 네덜란드 사람들이 스코틀랜드에서 병사를 모았던 것과 똑같은 방식이었다. 로마인들은 이런 관행을 한 동안 시행하다가 몇 가지 이유로 자신들이 고용한 미개 민족의 족장과 협상을 벌여 족장에게 자금을 풍부하게 대주고 족장이 직접 병사를 이끌고 이런저런 원정을 벌이게 하는 것이 훨씬 더 수월하다는 사실을 깨달았을 것이다.

이런 종류의 새로운 제도로 생긴 미개 민족의 족장이 병사들의 우두머리로서 자신을 고용한 사람들로부터 군사적 전권을 넘겨받았다고 가정한다면, 이 족장은 로마 정부가 조금이라도 거슬리게 나오면 무기를 자신을 고용한 사람에게로 돌리며 스스로 자기 나라의 지배자가 될 수 있었을 것이다. 서쪽의 로마 속주들 모두가 이런 식으로 점유되었다는 사실이 발견된다. 로마 속주들 대부분은 이런 관행을 통해서 미개인에게 침공의 길을 열어주면서 그 미개인들이 속주에 횡행하게 하는 결과를 낳았다. 브리튼의 경우를 보면, 로마인들은 성벽을 쌓고 브리튼을 북쪽의 약탈자로부터 보호하기 위해 수비대를 유지했다. 브리튼의 주둔지를 지켰던 수비대들은 당시에 마찬가지로 미개인들이 횡행하던 갈리아 지방을 방어하기 위해 그곳으로 이동했다.

이와 관련해 역사학자들은 이런 이야기를 들려주고 있다. 당시에 브리튼 사람들은 로마의 굴레에서 벗어나도 좋다는 허락을 받았다. 그러나 브리튼 안의 어떤 국가에든 자유를 주는 것이 로마인들에게도 전혀 이롭지 않을 수 있고, 또 브리튼도 로마의 보호를 받지 않는 것이 전혀 혜택이 아닐 수도 있었다. 그래서 브리튼은 현실적으로 로마의 보호를 계속 받기를 원했다. 그때 로마인들은 틀림없이 이런 식으로 생각했을 것이다. 로마인들은 다른 일을 해야 하기 때문에, 브리튼을 방어하는 부담은 브리튼 사람들이 직접 져야 한다고 말이다. 그러나 브리튼 사람들은 그 제안을 좋아하지 않았으며 그래서 색슨족에게 도움을 청하기로 작정했다. 따라서 헹기스트(Hengist)와 호르사(Horsa)가 이전에 로마 제국에 채용되곤 했던 병력 상당수를 이끌고 브리튼으로 와서 로마군을 완전히 몰아내 버렸다. 헹기스트와 호르사는 스스로 나라 전체의 지배자가 되어 나라를 소유하고 색슨 7왕국을 건설했다.

이런 식으로 서부 유럽의 로마 제국이 몰락하고, 군사 군주제도 끝났다. 로마 제국 마지막 150년 동안 미개한 민족들로부터 병사들을 모집하는 관행은 계속되었으며, 이 미개한 민족의 족장은 그것을 발판으로 스스로 힘을 크게 키웠다.

아시아의 정부들도 이와 비슷하게 해체되었다. 아시아 정부들의 병사들은 타타르 지역에서 고용된 사람들이었다. 그 결과 아시아 국가에서 기술과 제조는 계속 수행될 수 있었으며, 아시아 정부의 국민은 전쟁터에 나가는 것보다 일을 통해 더 많은 것을 얻을 수 있었다. 이탈리아와 일부 국가들이 홍해를 거쳐 행한 동인도 무역은 이 국가들을 매우 부유하게 만들었다. 이렇듯 로마만 아니라 모든 국가들이 자국 방어를 위해 이웃한 미개 민족의 군주들과 기꺼이 협상을 하겠다고 나서고 있었다.

7장
사유(私有) 정부에 대하여

뚜렷이 구분되는 고대의 정부 형태들을 두루 보았다. 이제는 로마 제국의 몰락에 이어 어떤 형태의 정부가 생겨났는지를 볼 것이다. 아울러 유럽의 현대 정부의 기원에 대해서도 설명할 것이다.

로마 제국의 몰락에 이어 등장한 정부들은 앞에서 설명한 타타르족의 국가 구조와 크게 다르지 않았다. 로마 제국의 몰락 직후 서쪽의 나라들을 소유했던 게르만족과 다른 민족들이 재산에 대한 개념을 어느 정도 갖고 있고 토지의 분배에 조금 익숙해 있다는 점만 달랐을 뿐, 기본적으로는 그랬다.

왕과 다른 족장들은 어떤 나라를 정복한 뒤에 당연히 그 나라의 상당 부분을 자신의 목적을 위해 소유했을 것이며 그 땅을 자신의 봉신과 종자들에게 나눠줬을 것이다. 그러면서 그들은 그렇게 하는 것이 적절한 조치라고 생각했을 것이다. 그들은 옛날부터 그곳에 살던 사람들에게도 땅을 주었지만 그 크기는 형편없이 작았을 것이다. 그러나 그들은 옛 주민들을 완전히 없애지 않았고 그들에게도 약간의 관심을 보였다. 갈리아 지방을 소유했던 프랑크족 사이에선, 프랑크족을 죽인 사람은 옛 주민을 죽였을 때의 벌금보다 다섯 배 많은 벌금을 냈다. 이 국가들은 거의 무법이었고 어떠한 권위의 지배도 받지 않았기 때문에, 약탈 행위가 곳곳에서 자행되고 모든 종류의 상업이 중단되었다.

이리하여 사유 정부가 생겨났으며, 이 정부가 재산의 불평등을 불러왔다. 족장들은 모두 자신의 땅을 사유화했으며, 그러면서도 조세와 후견의 부담은 전혀 지지 않았다. 이 영주들 각각은 카운티(잉글랜드와 스코틀랜드의 최대 행정 구역/옮긴이) 하나를 거의 모두 소유했지만 그렇게 많은 땅을 가져봐야 특별한 이점을 누릴 수 없었기 때문에 그것을 봉신들에게 나눠줄 필요가 있다는 사실을 깨달았다. 그러면 이 봉신들은 일정한 연금을 내놓을 것이고 전쟁이 나면 지배자를 돌보거나 그와 비슷한 다른 봉사를 할 터였다. 이런 식으로 얻는 지배자의 수입이 대단히 컸다. 사치를 누릴 수 있는 길도 특별히 없었기 때문에, 영주는 자신의 집 주위에 종자들을 많이 두는 것 외에는 수입을 소비할 길이 달리 없었다. 이 종자들은 또 다른 부류의 부하였다.

종자들은 영주의 권력을 증대시키고 영지 내에 평화를 보장해주었다. 왜냐하면 이들은 소작인들을 두려워했고 소작인들은 이들을 두려워했기 때문이다. 영주들의 권력은 대단히 컸다. 예를 들어, 누군가가 영주의 봉신에게 채권이 있다고 주장하더라도, 왕은 그 빚을 갚도록 강제하기 위해 영주의 영지로 사자(使者)를 보낼 권리를 전혀 갖지 못했다. 왕은 단지 영주에게 문의하며 정당하게 해결해 달라는 뜻을 전할 수 있을 뿐이었다.

영주들은 사법권을 행사하며 모든 형태의 소유권에 대한 판결을 내리고, 생사여탈권을 가질 뿐만 아니라, 돈을 주조하고, 자신의 영토 안에서 조례와 규칙을 제정하는 권한까지 누렸다. 그러나 주로 왕과 중요한 영주들 사이의 문제였던 이 통치 권력을 제쳐놓는다면, 그 외의 다른 것이 전혀 없었을 경우에 균형이 적절히 유지되지 못했을 것이다. 그러나 사유 토지를 가진 영주들 외에 자신의 영역 안에서 정의(正義)에 대해 상담할 수 있는 자유민들이 상당히 많았다.

모든 카운티는 백 개로 분할되었으며, 그렇게 분할된 지역은 다시 10개로 나뉘었다. 이런 식으로 구분된 지역은 저마다 법원을 두었다. 즉 '디세너리 법원'(decennary court), '헌드리드 법원'(hundred court)이 있었던 것이다. 이 법원들 위에 의회 또는 전체 주민들의 총회가 있었다.

상소는 디세너리 법원에서 헌드리드 법원으로, 그 다음에는 헌드리드 법원에서 카운티 법원으로 올라갔다. 하위 법원이 사건을 심리하지 않거나 합당한 이유 없이 재판을 지체시킴으로써 정의를 구현하길 거부하는 경우엔 왕의 법원으로 상소할 수 있었다. 가끔은 왕과 사유지를 가진 영주들, 행정장관이나 백작, 주교, 대수도원장 등으로 구성된 의회에 상소를 하기도 했다. 이것이 로마 제국이 멸망한 후 서유럽에서 최초로 탄생한 정부의 형태였다.

8장
봉건제도에 대하여

이번에는 사유 정부가 전복되고 봉건제도가 도입되는 과정을 살펴볼 것이다.

영주들은 서로 싸움을 계속했다. 그 과정에 영주들은 소작인들의 충성을 확보하기 위해 소작인들에게 땅을 빌려주게 되었다. 소작인들은 이 땅을 1년 단위로 소유하게 되었으나, 앞의 이유와 똑같은 이유로 나중에는 영원히 갖게 되었다.

영주들이 아주 위험한 모험을 벌여야 할 때도 있었다. 그럴 때면 영주들은 최악의 경우에 자신과 함께 모험에 나선 봉신들의 가족이 굶주리지 않도록 하고, 또 봉신들이 영주들을 마음 놓고 따르도록 고무하기 위해 토지에 대한 권리를 아들과 손자까지로 확대했다. 토지를 오랫동안 점유한 사람에게 소유권을 거부하는 것이 잔인한 처사로 여겨졌기 때문에, 그 권리는 마침내 상속 가능하게 되었으며 '봉토'라 불리기에 이르렀다.

봉토 소작인은 여러 임무를 맡게 되어 있었다. 가장 중요한 임무는 전쟁에 참가하는 것이었다. 만약에 상속인이 이 역할을 수행할 수 없다면, 그 사람은 자기 대신에 다른 사람을 보내야 했다. 상속인이 미성년자일 때 후견권이 도입된 것은 바로 이런 과정을 통해서였다.

여자 상속인이 땅을 물려받을 때, 봉건 영주는 그녀를 자신이 원하는 사람 아무하고나 결혼시킬 권리를 가졌다. 왜냐하면 영주가 자신의 봉신을 직접 선택하는 것이 합리적이라고 여겨졌기 때문이다. 이렇듯 '제1 소유권'은 영주의 또 다른 권리였다. 봉신이었던 아버지가 죽으면, 아들은 그 땅을 받아들이겠다는 뜻을 공개적으로 선언하기 전까지 거기에 대해 어떠한 권리도 가질 수 없었다. 이 때문에 영주는 가끔 그 땅을 자신이 가진 채 한동안 거기서 이득을 취할 수 있었다. 상속인은 그것을 다시 받기 위해 돈을 지불해야 했는데, 이것은 '상속 상납금'이라 불리었다.

이 외에 영주의 권리가 하나 더 있었다. 몰수권이었다. 즉 토지가 상속되게 된 뒤에 가족 중에 그것을 이어받을 사람이 전혀 없을 경우에 그 토지는 다시 영주에게로 돌아가게 되어 있었다. 상속인이 토지를 보유하는 대가로 수행하게 되어 있는 임무를 제대로 이행하지 못할 경우에도 똑같은 일이 벌어졌다. 이런 것들 외에, 영주의 아들이 포로로 잡혀 몸값을 주고 구해야 하는 때나 영주가 기사 작위를 받거나, 아니면 영주의 딸이 결혼할 때에도 상속인은 약간의 돈을 내놓아야 했다.

사유지를 가진 영주들이 자신의 봉신에게 땅을 빌려주었다가 나중에 상속까지 허용한 것과 똑같은 이유로, 왕도 봉건적 소유를 위해 자신의 땅 중 상당한 몫을 내놓았다. 이런 경우에 소작인이 경작하는 봉토는 부동산이나 마찬가지였다. 소작인들은 앞에 언급한 영주의 요구를 들어줘야 했지만 땅은 자신은 물론이고 후손까지 소유할 수 있었다. 봉건제도 하의 토지 보유는 어떤 점에서 보면 사유에 비해 못할 수 있지만, 그 차이가 아주 근소했기 때문에 사유(私有) 영주의 지위가 곧 봉건 영주의 지위가 되었다. 10세기쯤, 모든 땅은 봉건제도에 따라 소유하기에 이르렀으며, 사유 영주들은 왕의 보호를 누릴 필요가 있었기에 그 혜택 대신에 봉건적 토지 보유를 받아들였다.

봉건법의 기원이 귀족의 강탈에서 비롯되었다는 식으로 설명하는 역사학자들의 이론은 크게 잘못되었다는 것이 확인될 것이다. 이런 역사학자들은 귀족이 왕의 자비로 갖게 된 땅을 세습까지 할 수 있기를 원했고, 왕에게 귀족들의 요구를 거부할 힘이 없었고, 그리하여 봉건법이 왕권의 약화로 인해 도입되게 되었다고 말한다. 그러나 실제로 보면 이와 정반대이다. 봉건법은 왕권의 강화로 인해 생겨났으며, 영주들이 봉건적으로 땅을 소유할 수 있기 위해서는 왕의 영향이 아주 클 필요가 있었다. 이를 뒷받침하는 최고의 증거는 정복왕 윌리엄(William the Conqueror)이 잉글랜드의 모든 사유 영주의 권리를 봉건적 종신 보유제로 바꿨고, 말콤 캔모어(Malcolm Canmore)가 스코틀랜드에서 이와 똑같은 조치를 취한 예이다.

유럽 전역에 봉건제도가 도입됨에 따라, 민주 정부를 비롯한 많은 것들이 사라졌다. 민주적인 법정도 모두 없어졌다. 디세너리 법원도, 헌드리드 법원도 허용되지 않았다. 모든 공무(公務)는 왕과 봉건 영주에 의해 관리되었다. 세습 영주 외에는 어떠한 평민에게도 의회에 앉을 권리가 주어지지 않았다. 왕에게 충실했던 영주들은 왕의 동료로 여겨졌다. 영주들은 공무와 관련해 왕에게 조언을 했으며, 영주들의 도움 없이는 중요한 일은 어떤 것도 처리되지 못했다. 어떠한 법이든 통과되려면, 영주들을 모두 소집해야 하고 또 영주들로부터 과반의 동의를 얻어야 했다.

남작 혹은 하급 영주들이 사법권을 행사할 때에도 똑같은 절차를 거쳐야 했다. 남작들에게 충성했던 사람들도 남작의 동료로 여겨졌다. 그들도 마찬가지로 남작에게 조언을 할 수 있었다. 남작은 이들 중 과반의 동의를 받지 않고는 전쟁도 벌이지 못하고 법도 제정하지 못했다. 왕국 안에서 보편적인 동의 없이 할 수 있는 일은 거의 아무 것도 없었다. 그리하여 그 정점을 왕이 차지하는 그런 귀족정치가 등장하게 되었다.

지금까지 논한 부류의 사람들 외에 그 시기에 멸시 당하던 사람들이 두 부류 더 있었다. 첫 번째 부류는 '토지에 딸린 신분'으로 농지를 경작하던 농노였다. 두 번째 부류는 성시(城市)의 거주자들이었다. 성시 거주자들은 많은 부분에서 농노와 비슷하거나 농노보다 약간 더 나았다. 성시가 거주자들을 보호하던 영주의 영향을 강하게 받았기 때문에, 가능한 한 영주의 권력을 줄이고 거주자들에게 자유를 많이 주는 것이 왕에게 유리했다. 헨리 2세(Henry Ⅱ:1133-1189)는 이런 조치를 취하는 데 아주 적극적이었다. 그래서 만약에 노예가 성시로 달아나서 거기서 아무 탈 없이 1년을 넘겨 하루를 더 산다면, 그 노예는 자유의 몸이 될 수 있었다. 헨리 2세는 성시의 거주자들에게 다른 특혜도 많이 주었다. 그러나 이 거주자들을 가장 이롭게 한 것은 왕에게 일정한 금액을 내면 조합을 결성할 권한을 부여하는 조치였다. 성시의 거주자들은 직접 왕을 상대했다. 처음에는 모든 거주자가 왕에게 자신의 몫을 지급했다. 그러나 훗날에는 성시가 그 금액을 대신해 한꺼번에 지급한 다음에 거주자들로부터 적정한 금액을 징수했다. 거주자들의 숫자가 늘어남에 따라, 거주자들의 부담도 그만큼 작아졌고 성시는 꽤 부유해지고 강해졌다. 헨리 3세(Henry Ⅲ:1207-1272)의 통치 기간에, 영주가 피후견인을 자치 도시의 시민과 결혼시킬 경우에 후견권을 상실한다는 내용의 법이 제정되었다.

9장
잉글랜드 의회에 대하여

지금까지 당시에 왕국을 구성했던 몇몇 계층을 고려했다. 이제는 각 계층이 정부에서 맡은 역할은 어떤 것이었는지, 또 그 역할을 어떻게 획득하게 되었는지에 대해 돌아볼 것이다. 크든 작든 재산을 가진 사람들 모두는 왕의 법원에 앉을 권리를 누렸으며 또한 공무와 관련해 왕과 의논하고 조언할 권리를 누렸다.

윌리엄 루퍼스(William Rufus(1056?-1100): 윌리엄 2세를 뜻한다. 'Rufus'라는 별칭은 머리카락이 빨갛거나 화를 잘 내는 기질 때문에 얻은 것으로 전해진다/옮긴이)의 통치 기간에, 700명이 의회에 앉았다. 헨리 3세 시대에, 남작들이 의회에 출석할 수 없을 경우에 대리인을 보내도록 하는 법이 마련되었다. 이 대리인들은 영주로 여겨졌으며, 영주들과 같은 의회에 앉았다. 마찬가지로, 성시도 의회에 대표를 갖게 되었다. 성시 자체가 부유해지고 막강해졌기 때문이다. 왕도 귀족의 권력을 약화시키기 위해 성시에 어느 정도의 힘을 실어주는 것이 자신에게도 유리하다는 사실을 깨달았다. 어떤 법이 통과되기 위해서는 남작들의 동의뿐만 아니라 성시의 동의까지 반드시 받게 되었다. 성시의 대표들은 그들만으로 구성된 의회에 앉았으며, 그때까지 영주들과 함께 앉긴 했지만 평민보다 별로 더 높지 않은 신분 때문에 영주들과 거리가 있었던 남작들도 곧 성시의 대표들과 합류했다.

당시에 왕의 세입이 부족한 경우가 자주 있었다. 왕의 세입은 다음과 같이 구성되어 있었다. 첫째, 왕실 소유지가 있었다. 둘째로 기사들의 봉토가 있었고, 셋째로 후견권 같은 영지 관련 수입이 있었고, 넷째로 봉토 부담금과 벌금이 있었다. 다섯째로 소유주가 불분명한 재화가 있었다. 이런 것들이 왕의 세입의 주요 원천이었다. 그러나 이런 것들로는 늘어만 가는 정부의 비용을 결코 다 충당하지 못했다. 두 계층의 평민들을 합하면 상당히 큰 숫자가 되었으며, 특별 보조금의 상당 부분은 이들로부터 나왔다. 왕은 지위가 낮은 남작들에게 지속적으로 출석해야 하는 부담을 면해주었으며, 자신의 뜻에 따라 남작들을 부르기도 하고 부르지 않기도 했다. 왕은 남작들을 소집할 때에는 그런 내용을 담은 문서를 공식적으로 발표했다. 바로 여기서 공식 서한이나 증서에 의해 귀족을 탄생시키는 관행이 시작되었다. 지금은 이 관행이 귀족이 되는 유일한 길이다.

10장
잉글랜드 정부는
어떻게 절대적인 정부가 되었나?

하원이 어떻게 중요한 기관으로 성장하게 되었는지를 보았다. 이제는 귀족의 권력이 약화되는 한편 정부가 전제적인 권력을 확보하게 된 과정을 살필 것이다.

유럽의 모든 궁정에서, 귀족의 권력은 똑같은 원인으로 인해 쇠퇴했다. 기술과 상업의 발달이 그 원인이었다. 어떤 사람이 가정의 사치를 위해 돈을 지불할 수 있게 될 때, 그 사람은 어쩔 수 없이 종자들을 내보내지 않을 수 없게 된다. 옛날 방식 그대로 소박하게 산다면, 귀족들은 오늘날 영주를 하룻밤 머물게 하는 데 드는 비용으로 1,000명의 종자들을 쉽게 유지할 수 있었을 것이다. '국왕 메이커'로 불린 워릭 백작 리처드 네빌(Richard Neville: 1428-1471)은 거주자 외에도 매일 3만 명씩 돌보았다. 그러나 사치가 끼어들게 되자, 그도 더 이상 그렇게 할 수 없었다. 따라서 귀족의 권력이 약화될 수밖에 없었다. 하원이 권위를 확고히 다지기 전에 이런 현상이 나타났기 때문에, 왕이 방자하게 굴게 되었다. 튜더(Tudor) 왕조 아래에서, 잉글랜드 정부는 꽤 독단적으로 굴었으며, 귀족은 파괴되고 자치구도 권력을 잃었다.

군주도 기술과 상업의 발달로 인해 마찬가지로 권력을 잃었을 것이라고 판단하기 십상이다. 그러나 주의를 약간만 기울여도 그것과 정반대의 현상이 나타난 것이 확인될 것이다. 다른 사람들은 100파운드도 제대로 쓰지 못하는 상황에서 일 년에 4만 파운드나 쓸 수 있는 사람은 사치의 증대에 아무런 영향을 받지 않을 수 있다. 왕이 바로 그런 예이다. 왕은 100만 파운드를 소유하고 있다. 그러나 그의 국민 중에는 3만 파운드나 4만 파운드 이상 쓸 수 있는 사람은 한 사람도 없었다. 따라서 왕이 그 많은 돈을 지출할 수 있는 길은 수많은 사람들을 거느리는 것 외에는 달리 없었다. 따라서 사치는 재산 규모가 왕에 비하면 비교도 안 될 정도로 작았던 귀족의 권력만 파괴했다. 왕의 재산은 사치의 풍조에도 별 영향을 받지 않을 수 있었다. 그렇기 때문에, 왕의 권력은 절대적이었을 것임에 틀림없다.

유럽의 대부분 국가에서 이런 현상이 나타나고 있었음에도, 독일에서는 이와 꽤 다른 현상이 나타났다. 독일의 군주제는 선출로 이어져 왔기 때문에 왕은 그런 절대적 권력을 절대로 가질 수 없었다. 독일은 유럽의 어느 나라보다 더 크고, 봉건 정부가 해체될 당시에는 이미 상당한 재산을 소유하고 있던 귀족은 나머지 사람들에 비해 더 많은 재산을 챙길 수 있었다. 따라서 귀족의 재산은 그들 바로 아래 계층보다 월등히 더 많아졌다. 그래서 귀족이 자신의 재산을 사치로 탕진하는 것은 불가능한 일이었으며, 따라서 그들은 상당수의 종자를 거느릴 수 있었다. 이리하여 독일에서는 귀족의 권력이 유지되었던 한편, 잉글랜드에서는 귀족의 권력이 완전히 파괴되고 왕이 전권을 행사하기에 이르렀다.

*11*장
자유는 어떻게 다시 복구되었나?

잉글랜드 정부가 절대적 권력으로 바뀌어 가는 과정을 보았다. 이번에는 자유가 다시 복구되는 과정을 살필 것이다. 아울러 브리튼 사람들이 자유를 누리기 위해 어떤 안전장치를 갖게 되었는지도 보게 될 것이다.

귀족이 사유지를 처분할 수 있도록 한 헨리 7세(Henry Ⅶ:1457-1509)의 법은 귀족을 평민과 똑같은 위치로 전락시켜 놓았다. 언제나 국민의 인기를 누리던 엘리자베스(Elizabeth) 여왕(1533-1603)은 국민에게 세금을 부과할 뜻을 전혀 품지 않았다. 그녀는 자신이 필요로 하는 것을 구입하기 위해 왕실 재산을 팔았다. 이는 그녀가 왕위를 물려줄 자식을 두지 않았기 때문에 가능한 일이었을 것이다. 따라서 그녀의 후계자들은 지출을 많이 해야 하는 상황에서 의회에 의존하지 않을 수 없게 되었다.

하원은 이제 전체 국민을 대표했기 때문에 아주 중요하게 되었다. 하원은 왕의 사정을 잘 알고 있던 터라 왕의 특권을 어느 정도 침해하지 않고는 어떠한 것도 허용하지 않으려 들었다. 한 번은 표현의 자유를 얻어 내고, 그 다음에는 모든 법에 하원의 동의를 의무화하는 권리를 끌어냈다. 왕은 워낙 필요한 것이 많았던 탓에 하원의 요구를 다 들어주지 않을 수 없었다. 이리하여 의회의 권력이 확립되기에 이르렀다.

브리튼이 제임스 1세(James Ⅰ:1566-1625)의 즉위 이후 누린 특이한 이점은 영토의 사면이 바다로 둘러싸여 있어서 상비군의 필요성을 전혀 느끼지 않았다는 점이다. 따라서 왕은 국민이나 의회를 압도할 수 있는 파워를 전혀 갖지 못하게 되었다. 찰스 2세(Charles Ⅱ:1630-1685) 시대의 형편없는 경제가 그를 전임자들만큼 가난하게 만들지만 않았더라도, 당시에 왕에게 주어진 120만 파운드는 왕의 독립을 확보해줄 수 있었을 것이다. 그런데 그의 후임자 제임스 2세는 국민에게 더욱 의존하게 되었으며 결국엔 권좌와 왕국을 한꺼번에 버리지 않을 수 없게 되었다.

이런 과정을 거친 끝에 새로운 왕조가 시작되었으며, 이때는 왕실의 사유지가 완전히 양도되었기 때문에 왕은 전적으로 세금에 의존하게 되었으며 따라서 국민의 비위를 맞추지 않을 수 없게 되었다. 이후로 왕의 수입은 그 전보다 훨씬 더 커졌음에도 의회의 동의에 크게 의존하게 되었다. 그 결과 왕은 국민의 자유를 위험에 빠뜨릴 수 없는 입장이 되었다.

왕실 세입은 크게 3가지로 나뉜다. 첫째, 전적으로 왕족의 유지에 쓰이는 왕실비로, 이는 왕에게도 어떠한 영향을 미치지 않으며 국민의 자유도 해치지 않는다. 둘째, 해마다 부과하는 토지세와 맥아세(麥芽稅)가 있는데, 이것은 전적으로 의회에 좌우된다. 셋째, 소금과 맥주와 위스키에 물리는 세금 같은, 공공 부채의 상환에 쓰이는 기금이 있는데, 세관과 세무국 관리에 의해 징수된다. 이것은 왕이 절대로 건드릴 수 없는 것으로 재무법원에 지급된다. 재무법원은 일반적으로 품격이 있는 사람들에 의해 운영되며, 이 사람들의 일자리는 종신제이기 때문에 왕으로부터 상당한 독립을 지킬 수 있었다. 이들조차도 의회가 임명한 사람들에게만 돈을 지출할 수 있다. 부채에 대한 이자를 지급하고 남은 돈은 공공 부채 상환을 위한 감채(減債) 기금으로 들어간다. 그래야만 혁명이 일어난다든지 할 경우에 공공 채권자들이 원금과 이자를 잃지 않을 수 있을 것이다.

이런 식으로 국민은 공공 세입을 꽤 안전하게 관리하고 있으며 그 결과 브리튼에 합리적인 자유 체계를 정착시킬 수 있었다. 의회는 200명의 귀족과 500명의 평민으로 구성되어 있다. 하원이 공무의 대부분을 담당하고 있으며, 재정 관련 법안은 하원에서만 발의할 수 있다. 여기서 다양한 형태의 통치가 적절히 억제되면서 행복하게 서로 섞이고 있으며, 동시에 자유와 소유의 완벽한 보장이 이뤄지고 있다.

자유를 보장하는 장치로 이 외에 다른 것도 있다. 정의를 구현하기 위해 임명된 판사들은 종신직이며 왕으로부터 상당히 독립되어 있다. 또 왕의 장관들은 실책을 할 경우에 하원의 탄핵 대상이 되며, 실제로 탄핵 대상이 되었을 경우에는 왕도 장관들을 사면시키지 못한다. 인신보호율(Habeas Corpus Act)도 국민의 자유를 보장하는 또 다른 장치이다. 인신보호율에 따라 왕은 국민을 마음대로 구금하지 못하며, 죄수에게 20일 이내에 재판을 받을 권리를 부여하지 않는 판사는 어떠한 직무도 수행하지 못하게 된다. 선거 방식과, 또 모든 선거에 관해 판단할 권리를 하원에 부여한 조치도 자유를 보장하는 또 하나의 장치이다. 확고히 정착된 이런 관습 때문에 왕이 절대권을 시도하는 것 자체가 불가능하다.

이 모든 것들 외에, 재판소들의 확립도 자유를 위한 또 다른 안전 장치이다. 이제 우리는 법원들의 기원과 그 역사, 그리고 현재 상태를 돌아볼 것이다.

12장
잉글랜드 법원에 대하여

잉글랜드, 그리고 유럽 전역에서, 봉건법이 도입된 이후 왕국도 사법도 봉건 영주가 자신의 관할권 안에서 하던 것과 똑같은 방식으로 통치되고 관리되었다. 영주의 재산 관리인이 영주에게 속하는 카운티 안의 모든 일을 관리했듯이, 대법관이 왕국의 모든 것을 관리할 권한을 가졌다. 대법관은 사법 집행관과 하급 관리들을 임명했다. 대법관 본인부터 영주였으며, 잉글랜드를 제외한 모든 나라에서 대법관은 직위에 따른 권위 때문에 왕만큼 막강해졌다. 그러나 에드워드 1세 (Edaward Ⅰ:1239-1307)는 그 위험을 간파하고 사전에 막았다. 따라서 형법이든 민법이든 모든 종류의 법은 언제나 왕의 이익을 챙기는 왕좌법원(king's court)에 의해 결정되었다. 그러다 늘 국왕의 이익을 돌보던 이 법원이 담당하던 민사소송이 지연되고 연기되는 예가 잦음에 따라, 국민 관련 소송은 왕좌법원에서 떼어내서 웨스트민스터의 민사소송법원(court of common pleas)이 맡게 되었다. 형사소송은 언제나 보다 빨리 처리되었다. 이 대목에서 사람들은 사람의 목숨이 걸린 문제라면 논의가 다른 사건보다 더 길어야 하는 것이 아닌가 하고 의아해할 것이다. 그러나 형사소송의 경우에는 분노가 일어나고, 이 분노가 처벌을 서두르게 만든다. 사소한 금전이 걸린 문제가 어떤 식으로 결론이 내려지느냐 하는 것은 방관자에게 전혀 중요하지 않다. 그러나 형사소송의 경우에는 절대로 그렇지 않다. 민사소송이 떨어져나갔을 때, 형사소송에 관한 권한과 재정적 권한이 결합되었기 때문에 대법관의 권력과 권위에는 거의 아무런 변화가 없었다. 훗날 에드워드 1세는 사법 업무를 3개의 법원, 즉 왕좌법원과 재무법원, 민사소송법원으로 나눴다.

민사소송법원은 모든 민사소송을 다뤘다. 왕좌법원은 모든 형사소송을 다뤘으며, 또한 민사소송법원에서 올라오는 항소를 다뤘다. 이 법원이 왕좌(王座)라는 이름으로 불린 이유는 지금과 달리 당시에 왕이 그 법원에 자주 앉았기 때문이다. 오늘날엔 왕은 자신의 평화를 깨뜨리는 사건을 심판하고 나서는 것이 부적절하다는 판단에서 법원에 나가지 않는다. 재무법원은 왕과 국민 사이의 모든 일들, 왕과 국민 사이의 부채 문제, 그리고 세입과 관련된 모든 문제를 다룬다.

형평법 법원(court of chancery)은 처음에는 전혀 법원이 아니었다. 형평법 법원의 대법관은 정의를 구현하는 기준이 되어줄 영장이나 소송 관련 서류들을 보관하는 사람에 지나지 않았다. 이제 이런 문서들을 보관하게 된 사연을 돌아볼 것이다.

에드워드 1세는 대법관의 권력을 폐지했다. 그는 야비한 사람들을 판사에 앉혔는데, 이 시기의 판사는 대부분 성직자였다. 결정이 이런 사람들에게 의존했기 때문에, 그들의 사법권은 매우 불안정하게 행사되었다. 따라서 그들은 형사소송에서나 민사소송에서나 똑같이 중재자의 역할을 맡으면서 우유부단한 모습을 보였다. 그 결과 그들은 선례가 없는 사건의 경우에는 결정을 내리길 꺼려했다. 이 때문에 법원이 내린 판결의 근거가 되었던 소송 사건 적요서가 보관되게 되었다. 이 자료들을 보관하는 것이 형평법 법원의 원래 기능이었던 것 같다. 소송을 제기할 사람은 형평법 법원의 서기에게로 갔다. 그러면 서기는 거기에 보관된 소송 사건 적요서들을 검토했다. 이때 서기가 그 소송과 똑같은 성격의 적요서를 발견하면, 소송을 제기할 사람은 거기에 따라서 억울한 부분을 바로잡을 수 있었을 것이다. 그러나 그 소송에 해당하는 적요서가 발견되지 않으면, 소송을 제기할 사람은 억울함을 바로잡을 기회를 얻지 못했다. 이렇게 볼 때 대법관은 원래는 판사가 아니었다고 할 수 있다. 스코틀랜드에는 대법관의 사무실이 항소법원 안에 자리 잡았다. 잉글랜드에서는 대법관이 주의 사법 집행관에게 소송 사건 적요서를 보내면, 집행관은 의무적으로 국왕의 판사들 앞에 나가야 했다. 당시에 판사들은 사건 처리가 부정확하고 불규칙적이어서 왕의 심기를 불편하게 만들었다. 이 때문에 판사들에게 가혹한 형이 내려지기도 했다. 언젠간 판사들로부터 부패 혐의로 10,000파운드가 징수되기도 했다. 그래서 판사들은 형평법 법원의 적요서에 적힌 기록에 언제나 엄격히 묶이게 되었다. 그 기록을 너무나 철저히 따랐던 탓에, 판사들은 그 내용을 수정할 생각은 조금도 하지 않았다. 심지어 틀린 철자까지 바로잡을 생각조차 하지 않았다. 이 같은 엄격성은 지금도 수정 헌법에 의해 제거되지 않은 일부 판례의 경우에 그대로 지켜지고 있다. 철자법의 실수인 것이 너무나 분명한 경우에조차도 그 같은 실수 때문에 소송 자체가 무효가 되는 예도 있다. 그러므로 판사들은 판례가 되는 소송 사건 적요서의 단어 하나하나에, 혹은 법령이 있는 경우에는 그 법령의 단어 하나하나에 엄격히 얽매였다. 이것이 형평법 법원의 기원과 권한이었다.

잉글랜드의 법이 향상되는 동안에, 여러 법원들 사이에 알력이 일어났다. 그래서 이번에는 각 법원이 어떤 식으로 권력을 확장하면서 서로의 특권을 잠식했는지, 그 과정에 형평법 법원이 어떻게 영향력을 키울 수 있었는지를 살필 것이다. 형사소송과 왕의 평화를 깨뜨리는 모든 사건을 다룬 왕좌법원이 가장 먼저 나섰다. 소위 '미들섹스 소장(訴狀)'(bill of Middlesex: 오늘날의 체포영장과 비슷하다. 미들섹스 카운티에서 실시되었다고 해서 이런 이름을 얻게 되었다/옮긴이)이라 불리는 것을 통해서 민사소송 법원의 권한을 잠식하려 든 것이다. 예를 들어 보자. 어떤 사람이 10파운드의 빚을 진 상태에서 약속한 때에 그 돈을 상환하지 않을 때, 왕좌법원은 그 사람이 몸을 숨길 의도를 갖고 있다고 판단하고 그를 찾아 조사하라는 명령을 내리고 처벌했다. 현재 계약과 관련한 소송은 직접 왕좌법원으로 제기할 수 있다. 이런 식으로 왕좌법원은 권한을 확장하면서 모든 법원보다 우위에 서게 되었다. 다른 법원은 왕좌법원의 권한을 잠식하지 못했다.

재무법원은 다음과 같은 방식으로 민사소송을 직접 재판하게 되었다. 어떤 사람이 왕에게 빚을 지고 있다고 가정하자. 국왕의 재정은 재무법원이 책임져야 할 일이다. 그런데 이 사람은 자신의 채무자들로부터 먼저 돈을 받지 못하면 왕에게 진 빚을 갚을 수 없는 상황이다. 그러면 재무법원은 이 사람에게 자신의 채무자를 상대로 먼저 소송을 제기하게 한 다음에 그 액수만큼 왕에게 갚아야 할 부채에서 깎아줬다. 왕이 지불해야 할 돈이 많고 또 판사들의 수입이 법원의 활동에 따라 다소 달라지게 마련인 벌금에서 나왔기 때문에, 재무법원은 권력 확장에 결사적으로 매달렸다. 모든 법원들은 결정과 절차에서 신속성과 정확성을 기하면서 검사들이 자신의 법정에 나오도록 고무하려고 노력했다.

이젠 대법관이 형평에 관한 재판권을 확보하게 된 과정을 살필 것이다. 기술과 상업의 발달로 인해 예전에는 들어보지도 못했던 소송이 많이 일어나게 되었다. 따라서 사람들이 법의 미비로 인해 고통을 많이 겪게 되었다. 에드워드 1세는 판례로도 해결되지 않고 법원의 법령으로도 해결되지 않는 침해가 대단히 많다는 사실을 알게 되었다. 그래서 의회는 다음과 같은 조치를 취했다. 만약에 어떤 사람이 형평법 법원의 서기에게 의뢰를 했는데 거기서 자신을 구제해줄 수 있는 판례가 전혀 없다는 사실을 확인한다면, 그 서기가 비슷한 성격의 다른 판례를 찾아서 그것을 바탕으로 원고의 문제를 바로잡을 수 있는 새로운 판례를 만들도록 한 것이다. 이런 식으로 형평법 법원은 다른 법원들에게 규정을 제시했다. 그러나 그 규정들이 판례와 소송 절차를 정해주었기 때문에, 형평법 법원의 이 같은 조치는 그런 까다로운 소송을 해결하는 효과를 낳았다. 그런 문제를 갖고 굳이 다른 법원으로 갈 필요가 없어졌기 때문이다. 이리하여 형평법 법원은 이런 소송들을 자신의 일로 만들어버렸다. 보통법이 다룰 수 없는 문제는 곧바로 형평법 법원에 제기되었다. 대법관은 이런 식으로 형평에 관한 모든 소송에서 결정을 내릴 권한을 확보하게 되었다.

첫째, 민사소송의 상당 부분, 즉 계약의 이행이 걸린 소송이 이 법원의 결정을 따르게 되었다. 판례법에 따르면, 만약에 어떤 사람이 계약에 따라 토지를 양도하기로 해놓고 뒷날 양도하길 거부한다면, 그 사람은 그에 따른 손해를 배상하면 그 계약을 이행하지 않아도 되었다. 그런데 이젠 '양심의 법원'으로 여겨지게 된 형평법 법원은 그 계약의 이행을 명령했다. 둘째, 형평법 법원은 판례법으로 해결되지 않는, 신탁과 관련한 기만과 사기를 바로잡았다. 사후에 토지를 교회에 넘기던 관행이 왕으로부터 토지에서 나오는 이득을 빼앗는 결과를 낳았기 때문에, 이 관행을 금지하는 법이 통과되었다. 그러자 성직자는 토지를 나중에 교회를 위해 처분해줄 사람들에게 넘기도록 했다. 이때 만약에 토지를 넘겨받은 사람이 약속을 이행하지 않으면, 그건 신탁 사기이기 때문에 대법관이 주교에게 땅을 처분하는 것을 허용했다. 마찬가지로, 불륜을 저지르고 있던 사람이 자신의 사유지를 그것과 전혀 아무런 관계가 없는 사람에게 양도하려 할 때, 대법관은 그 사유지를 원상회복시킬 수 있었다. 유언과 유산, 이와 비슷한 종류의 것들도 형평법을 바탕으로 한 대법관의 결정을 따르게 되었다.

법원을 다루고 있는 지금, 배심의 기원에 대해 알아보는 것도 적절할 것 같다. 사유(私有) 정부 초기에, 그러니까 몇 가지 종류의 법원이 아주 조금 발달한 상태에서 아직 사건들을 두루 경험하기 전에, 어떤 사람이 자신의 선서를 근거로 법원에 소송을 제기할 때, 그 사람은 그 선서가 정당하다는 사실을 뒷받침할 면책 선서자들을 12명 데리고 와야 했다. 지금도 채권 관련 소송에 이 제도의 흔적이 남아 있다. 채권 관련 소송의 경우에는 자신의 선서가 정당하다는 점을 증명할 사람을 일정 수 데리고 오면 소송을 제기할 수 있다. 이런 소송에 따른 결함이 결투 재판이 생기게 된 원인이었다. 동료의 위증 때문에 권리를 잃게 된 귀족, 아니 용기 있는 사람은 누구나 소송을 그런 위증자에게 맡기느니 차라리 들판에서 결투를 벌여 신의 판단에 항소하는 길을 택했다. 헨리 2세는 사법 집행관과 해당 범죄를 가장 잘 아는 일정 수의 사람들이 그 사건을 심리한 뒤에 적절한 판결을 내리도록 하는 제도를 처음 실시했다. 언제나 자유의 편인 잉글랜드 법 중에서도 공평한 배심에 관한 조항이 가장 큰 칭송을 들을 만하다. 배심으로 선출된 사람들은 범죄가 발생할 당시에 현장에 가까이 있어서 그 범죄에 대해 잘 아는 사람이어야 한다. 배심원단의 상당수는 피고인에 의해 거부당할 수 있다. 피고인은 배심원단 중 30명을 거부할 수 있다. 만약에 사법 집행관이 불공평하다는 의심이 든다면, 피고인은 배심원단 전부에 대해 이의를 제기할 수 있다. 피고가 불공평을 의심하는 사소한 이유는 다양할 것이다. 이유가 타당한지에 대해서는 법원이 판단하게 되어 있다. 국민의 생명과 자유, 재산을 보호하는 장치로 이 제도보다 더 우수한 것은 없다. 판사들은 도덕성이 높은 사람이고, 또 상당한 독립을 누리고 있으며, 그 자리를 종신으로 지키면서 법에만 얽매일 뿐이다. 또 당신의 목숨이 걸린 어떤 사실을 놓고 심판할 배심원들은 당신의 이웃이다. 배심원들은 몇 가지 이유로 거부당할 수 있다.

배심원단에 관한 잉글랜드의 법은 단 한 가지의 결함을 안고 있다. 그것이 바로 잉글랜드 법과 스코틀랜드 법의 차이이다. 잉글랜드의 경우엔 전체 배심원단이 전원 합의해야 한다. 이것이 배심원의 일을 아주 힘들게 만든다. 어떤 사건이 당신과 나에게 서로 다르게 보일 수 있다. 그럼에도 당신과 나는 합의를 이룰 필요가 있다. 그 결과 당신과 나 중 어느 하나는 자신의 양심과 반하는 서약을 해야 한다. 형사사건인 경우에는 배심원들이 양심에 반하는 서약을 할 위험이 거의 없다. 왜냐하면 사람들이 대체로 결백을 선호하고 생명을 지키려는 경향을 갖고 있기 때문이다. 그러나 민사소송의 경우엔 사람들은 그다지 괴로워하지도 않고 또 호의를 베풀려고도 하지 않으며, 많은 사람들이 의심을 지나칠 정도로 강하게 품는다. 상류사회의 사람들은 그런 불편이 따르는 배심원단에 참여하길 좋아하지 않는다. 그래서 다소 비열한 사람들만이 배심원으로 나서고 있다. 훌륭한 사람은 자주 불려 나가야 하고 또 신사적으로 대접받지 못하는 그런 일을 하려 들지 않았을 것이다.

만장일치가 요구되지 않는 스코틀랜드의 경우엔 배심원단으로 봉사하는 것이 그렇게 힘들지 않다. 어떤 사람이 다수 의견과 다르다 할지라도, 그 사람은 자신의 의견을 개진하며 다수 의견을 따를 필요가 없다. 그래서 아주 높은 계층의 사람들까지도 기꺼이 배심원이 되겠다고 나선다. 형평법 법원에 제기되는 재판의 경우엔 배심원이 전혀 필요하지 않다. 또 스코틀랜드의 항소법원은 민사소송의 경우에 배심을 배제시켰다.

지금까지 언급한 법원들 외에, 왕의 특허에 의해 세워진 법원들이 몇 가지 있었다. 헨리 8세는 그런 법원을 3가지 설립했다. 성직자들의 문제를 다룬 특설고등법원(court of high commission), 죽음 외에 거의 모든 것을 다룬 성실(星室)법원(court of star chamber), 여러 혜택에 걸린 왕의 이익을 돌보는 후견법원(court of wardship)이 그것들이다. 이 중에서 후견법원은 찰스 2세에 의해 폐지되었다. 지금 우리는 왕도 의회의 동의 없이는 법원을 세우지 못한다는 것을 이해할 수 있다. 유럽의 어느 나라도 잉글랜드만큼 법이 정밀하지 못하다. 이유는 어느 나라의 법도 잉글랜드 법만큼 오래되지 않았기 때문이다. 파리의 의회는 잉글랜드의 헨리 8세 때에야 세워졌을 뿐이다. 브리튼 의회는 많은 사람들로 구성되어 있으며, 이 사람들은 대단히 위엄 있는 인물들이다.

모든 새로운 법원들은 기존에 확립된 규칙을 따르는 것을 수치스럽게 생각하게 되어 있다. 또 모든 새로운 법원들은 심각한 악이다. 왜냐하면 그 법원들의 권력이 처음에 분명하게 결정되지 않았고, 따라서 그 판결이 느슨하고 부정확할 수밖에 없기 때문이다.

지금까지 우리는 미개한 국가와 양치기들의 국가, 그리고 족장을 둔 작은 도당들의 국가에서 정부가 어떤 식으로 시작되었는지 그 기원을 둘러보았다. 또 귀족정치가 생겨난 과정과 정복에 적극적이거나 방어적이었던 작은 공화국들의 몰락을 살폈고, 마지막으로 전제적인 정부의 해체 후에 유럽에서 생겨난 다양한 형태의 정부들을 보았다.

13장
유럽의 작은 공화국들에 대해여

이번에는 유럽의 작은 공화국들의 기원을, 그리고 주권자와 국민의 권리에 대해 살필 것이다.

먼저 작은 공화국들의 기원부터 보도록 하자. 일부 나라들에서 정부가 위치한 곳과 먼 지방은 독립을 누리게 되었다. 카롤루스 대제 (Charlemagne: 742?~814) 시대에 독일과 프랑스의 많은 지역에서 그런 현상이 나타났다. 카롤링거 왕조의 대법관이던 위그 카페 (Hugh Capet: 941~996)는 정부를 수중에 넣은 다음에 프랑스 왕 타이틀만 가졌다. 교황은 독일 내에 혼란을 야기함으로써 오토(Otho) 황제가 이탈리아를 소유하는 것을 오랫동안 방해했다. 그러나 오토 황제는 이탈리아를 갖게 되었으나 먼 거리 때문에 제대로 지켜나갈 수 없었다. 그러자 작은 도시들 모두가 각자 공화국을 구성하기에 이르렀다. 거기엔 주민들이 직접 뽑은 의회도 있었다. 요새화가 꽤 잘 되어 있던, 함부르크 같은 독일의 일부 도시들도 똑같은 특권을 주장하며 어느 정도 그런 권리를 누렸다. 고대의 공화국들은 완전히 민주화되어 있었지만, 이탈리아 도시들은 세습 군주에 의해 통치되었다. 베네치아를 보면, 홀란드의 경우처럼 국민들 스스로 통치권을 포기했다. 통치에 따르는 어려움을 감당할 수 없다는 이유에서였다. 네덜란드와 스위스의 공화국들은 연방 공화국을 형성했으며, 이 공화국들의 힘은 바로 이 연방에서 나왔다.

이 공화국들의 투표 방식에 대해 짧게 언급하고 싶다. 100명의 유권자가 있고 후보가 3명 나왔다면, 미움을 아주 많이 받는 사람이 선출될 가능성이 있다. 후보자 A와 B, C가 있을 경우에, A가 34표를 얻고 B가 33표를 얻고 C가 33표를 얻을 수 있다. 따라서 A에 반대하는 표가 66표나 되지만, A가 그 선거에서 이길 것이다. 이 사람들이 어떤 죄수를 놓고 표결을 벌인다고 가정할 경우에 이 투표 방식이 안고 있는 문제점이 더욱 분명하게 드러난다. 이들 중 34명은 이 죄수가 사전에 모의한 살인을 저지른 것으로, 33명은 사전 모의 없이 살인을 저지른 것으로, 33명은 정당방위로 살인을 저지른 것으로 판단한다고 가정하자. 이런 경우에 죄수는 사전 모의를 하고 살인을 저지른 죄에 해당하는 처벌을 받게 된다. 이런 부작용을 막기 위해서, 이 공화국 중 일부에서는 언제나 물음을 단순하게 바꿨다. 이 죄수는 살인죄를 저질렀는가 아니면 살인죄를 저지르지 않았는가? 만약에 3

명의 후보가 있다면, 이 공화국들의 주민들은 사전 투표를 통해서 3명 중 1명을 배제할 것이다. 이 공화국들의 상원에서 의장은 심의 투표는 하지 않고 표결 투표만 한다. 이유는 상원의 어느 구성원에게도 2개의 투표권을 허용하지 않기 때문이다. 양측이 동수일 때에는 아무런 조치도 취할 수 없다. 따라서 그 안건은 기각되지 않고 다음번 회합으로 미뤄진다.

*14*장
통치자의 권리에 대하여

이제 국민들이 통치자에게 지는 의무에 대해 생각해 보자. 아울러 통치자에게 불복할 경우에 그에 대한 적절한 처벌은 어떤 것인지에 대해서도 생각해 보자. 통치권을 엎으려는 모든 시도는 나라를 불문하고 중대 범죄로 여겨지면서 대역죄라 불리고 있다. 군주 국가의 반역과 공화국의 반역 사이에 큰 차이가 있다는 사실이 관찰될 것이다. 군주 국가의 경우에 반역은 왕의 인격에 대한 공격이고, 공화국의 경우에 반역은 국민의 자유에 대한 공격이다. 이 차이에서 우리는 암살 행위가 공화국에서는 자주 일어나는데 반해 군주국에서는 자주 일어나지 않는 이유를 볼 수 있다.

권력을 쥔 사람이 어떤 타이틀로 불리든 또 어떤 행실을 보이든, 그 사람을 지키는 것이 군주제의 이익에 부합한다. 또 어느 누구에게도 군주제에 의문을 제기하는 것을 허용하지 않는 것이 군주제의 이익에 부합한다. 따라서 군주국가의 법들은 전제 군주의 암살에 호의적이지 않다. 공화국인 경우에는 폭군의 정의가 꽤 명쾌하다. 폭군은 국민의 자유를 빼앗고, 병사를 징집하거나 세금을 거두고, 시민들을 마음대로 죽이는 사람이다. 그래도 이 사람을 정의의 법정으로 끌어내기 어렵다. 그러기에 암살이 정당하고 공평한 것으로 여겨진다.

현재 유럽의 공화국 정부들은 암살을 조장하지 않는다. 왜냐하면 군주국들이 모델을 제시하고 다른 공화국 정부들은 그것을 모방하고 있기 때문이다. 브리튼 국민의 현재 인식에 따르면, 올리버 크롬웰에 대한 암살 기도는 아주 모욕적일 수 있다. 그러나 고대 그리스와 로마 공화국들의 예를 따른다면, 그 사건은 달리 보일 것이다.

군주제 정부와 공화제 정부의 이 같은 차이를 보았으니, 이제는 반역으로 여겨지는 범죄들을 보도록 하자. 정부의 본질에 대한 공격, 즉 반역에는 3가지 종류가 있다. 첫째, '페르두엘리오'(perduellio), 즉 기존의 정부를 폭력이나 반란으로 전복시키려는 시도가 있다. 둘째, '프로디티오'(proditio), 즉 적에 합류하거나 적에게 요새나 포로 등을 양도하거나, 정부가 요구할 때 기지 등을 양도하길 거부하는 행위가 있다. 이는 대역죄라 불린다. 셋째, '라에사 마이에스타스'(laesa maiestas), 즉 최고 통치자의 권위에 대한 모욕이 있다. 이 죄는 앞의 두 가지 죄만큼 나쁘지 않다. 로마인들 사이에 반역으로 통했던 죄들은 이런 것들이었다. 황제들의 치하에서 이 3가지 죄들은 서로 구분되지 않게 되었으며, 따라서 황제의 동상에 돌을 던지는 것과 같은 아주 사소한 죄까지도 사형으로 처벌을 받았다. 호노리우스(Honorius: 384-423) 황제 통치 하에서, 황제의 장관들을 노린 음모도 모두 대역죄로 처벌되었다.

잉글랜드 법에 반역으로 정해진 범죄들은 다음과 같다. 첫째, 국왕을 살해하거나 국왕의 죽음을 소망하거나 국왕에 맞서 무기를 제공하는 경우에 극형에 처해졌다. '화약음모사건'(gunpowder plot: 1605년 잉글랜드의 가톨릭 교도들이 제임스 1세의 종교정책에 불만을 품고 왕과 의원들을 살해하기 위해 웨스트민스터 궁 지하에 화약을 쌓고 폭파를 기도했다가 실패한 사건을 말한다/옮긴이)의 음모는 성공하지 못했음에도 음모자들은 사형에 처해졌다. 이 음모자들이 왕과 의원이 아닌 다른 사람들의 목숨을 노렸다면 사형에 처해지지 않았을 것이다. 둘째, 왕의 아내나 장녀를 타락시키는 행위가 있다. 이 같은 행위가 왕에게 모욕이고 권좌에 엉뚱한 사생아를 앉히게 할 수 있기 때문이다. 만약에 장녀가 아니라면, 그 범죄는 그렇게 중대하지 않다. 셋째, 왕에 맞설 군사력을 모집하거나 적을 돕는 행위가 있다. 넷째, 법원에 출석한 대법관이나 순회판사의 목숨을 노리는 행위가 있다. 법원에 출석한 상황이 아니라면 그 범죄는 중죄가 아니다. 그러나 에드워드 1세는 단순히 부상만 입히는 것은 반역죄로 여기지 않았다. 다섯째, 왕의 옥새를 위조하는 행위가 있다. 이는 정부의 강탈로 여겨진다. 통치 행위가 옥새를 통해 이뤄지기 때문이다. 여섯째, 왕의 주화를 위조하는 행위가 있다. 이런 행위는 정부의 본질에 대한 공격이 전혀 아니기 때문에 반역으로 여겨져서는 안 된다. 이 범죄는 문서 위조에 지나지 않으며 대체로 그런 죄로 처벌된다. 이런 것들이 개혁 이전에 반역으로 다스려진 범죄들이다. 이 시기에 헨리 8세는 스스로 교회의 수장이라고 선언하고, 또 성직에 대한 지배권을 자신의 권력의 일부라고 주장하며, 이 목적을 위해 성직자들을 심판할 특설고등법원을 세웠다. 이 법원은 메리(Mary) 여왕(1516-1558)에 의해 폐지되었다가 엘리자베스 여왕에 의해 부활되었다. 당시에 교황 쪽에서 위험한 요인이 나올 수 있었기 때문에, 가톨릭 종교는 정부의 존립에 영향을 끼치는 것으로 여겨졌다. 그래서 교황의 칙서나 교황의 권위를 뒷받침할 것을 들여오거나 외국의 가톨릭 신학교를 지원하거나 가톨릭 성직자를 숨겨주는 행위는 대역죄로 다스려졌다. 이 법은 당시에는 적절했다 할지라도 지금은 폐기되어야 한다. 그런 행위가 더 이상 일어나지도 않고, 또 가톨릭 성직자를 대접하는 것도 감시해야 할 일이 전혀 아니기 때문이다.

내전과 크롬웰의 권력 찬탈이 벌어지는 동안에 정부의 권력에 어느 정도까지 저항하는 것이 합법적인가 하는 문제가 제기되었다. 왕당파는 왕은 절대적이라고 믿었지만, 국민의 생각은 왕은 집사에 지나지 않으며 국민을 즐겁게 해 줘야 한다는 쪽이었다. 왕정복고 뒤에, 왕당파가 우위를 차지하고 의회파는 힘을 잃었다. 혁명 후에 스튜어트(Stuart) 왕조가 명백한 이유들로 무시당하고 현재의 왕조가

들어서기에 이르렀다. 이로써 왕당파가 쫓겨났으며, 이 사건이 국민의 생각에 영향을 미치기 시작했다. 그래서 당시 왕위 승계에 반대하는 의견을 발표하는 사람은 누구나 반역죄로 처벌한다는 법이 마련되었다. 이 법은 지금 불필요하게 되었다. 지금은 정부가 제대로 잘 확립되어 있어서 정부에 반대하는 글을 쓰거나 말을 하는 사람에게 신경을 쓸 필요가 전혀 없기 때문이다.

스코틀랜드는 반역에 관한 법들이 매우 혼란스러웠다. 국민들이 왕에게 맞서도록 하거나 왕이 국민에게 맞서도록 하는 행위는 대역죄로 다스려졌다. 그러나 스코틀랜드 왕국과 잉글랜드 왕국의 합병에 의해서 그 법들은 잉글랜드의 법과 같게 되었다. 이 잉글랜드 법들이 곧 반역에 관한 브리튼의 법들이고, 이 법들은 반역을 저지르는 자를 아주 무거운 형벌로 다스리도록 정했다. 반역 죄인은 반쯤 교수형에 처해진 상태에서 내장을 들어내어졌으며 사유지를 몰수당하고 가문을 망치게 된다. 당연히 그의 자식들도 출세하지 못한다. 이런 죄들 외에 대역죄는 아니지만 중죄로 다스려지는 죄들이 있다. 첫째, 주화를 기준 이하로 주조하거나 주화를 수출하는 행위가 있다. 부(富)가 돈에 있다는 인식에서, 의회는 누구나 조폐인(印) 없이 금괴를 갖고 금화를 만들 수 있도록 결정했다. 따라서 금화는 금의 가치 밑으로 절대로 떨어지지 않았으며, 자연히 금화를 녹이고 싶은 유혹이 있었다. 이 때문에 금화를 녹이는 행위를 중죄로 정하는 법이 마련되었다. 둘째, 마치 '철학자의 돌'(philosopher's stone: 가치 없는 금속을 금으로 바꾸는 능력을 가졌다는, 전설 속의 물질을 말한다/옮긴이)을 찾았다는 듯이 주화를 늘리려는 시도는 모두 중죄로 다스려졌다. 셋째, 왕의 갑옷을 파괴하는 것도 중죄에 해당되었다. 넷째, 왕의 관리들에 대한 범죄는 어떤 것이든 중죄였다. 그리고 대체로 다른 사람을 대상으로 했을 때 중죄가 되는 범죄는 왕을 대상으로 했을 때에도 당연히 중죄가 된다. 중죄는 아니지만 '교황존신죄(尊信罪)'(잉글랜드 왕을 로마 교황보다 경시하는 죄를 말한다. 처음 만들어진 것은 1392년이었다/옮긴이)라 불린 가벼운 죄도 있다. 이에 대해서는 설명이 필요하다. 존(John) 왕(1166-1216)과 헨리 3세 통치 동안에, 잉글랜드는 완전히 교황의 지배하에 있었다. 교황 특사가 칙령을 갖고 와서 부과금을 마음대로 올리기도 했다. 종교개혁이 일어나기 오래 전부터, 교황에 맞서 왕의 자유를 지킬 필요성이 대두되었다. 왕과 교황이 유급(有給) 성직자로 지명하는 사람이 가끔 서로 달랐으며, 그럴 때면 종종 교황이 내세운 후보가 선택되었다. 그래서 로마에서 칙령을 갖고 들어오거나 로마로 탄원서를 갖고 나가는 것을 금지하고 왕이 추천한 사람을 임명하길 거부하는 자를 모두 처벌하는 법이 통과되었다. 말하자면 왕이 교황에게 더 강력하게 맞서도록 한 것이다. 헨리 8세가 교황에 의해 교회의 수장으로 선언된 뒤, 성직과 관련한 국왕의 권한을 공격하는 것은 교황존신죄가 되었다.

이런 것들 외에, 반역 은닉이라 불리는 죄들이 있다. 소극적인 반역 은닉과 적극적인 반역 은닉으로 나뉜다. 소극적인 반역 은닉은 왕

본인이나 장녀, 왕국의 후계자를 대상으로 한 어떤 모의를 알고도 신고하지 않는 것을 말한다. 마찬가지로 음모와 반란의 낌새를 눈치 채고도 그것을 공개하지 않으면 그것 역시 중죄이다. 적극적인 은닉은 왕국 안에서 포르투갈 금화 같은 외국 주화를 위조하는 것을 말한다.

마지막으로, 왕에게 저지르는 죄로 모욕이 있다. 모욕도 4가지로 나뉜다. 첫째, 왕의 궁전에 대한 모욕이 있다. 궁전 안에서 일으키는 폭동은 통치자에게 엄청난 모욕이 된다. 법정에서 일으키는 폭동도 엄격한 처벌을 받았다. 왜냐하면 법정에서는 사람들이 종종 분노를 일으키게 되는데, 법이 엄격하지 않으면 법정이 곧잘 혼란에 빠질 것이기 때문이다. 둘째, 왕의 특권에 대한 모욕이 있다. 왕이 합법적으로 소환했는데도 그 명령에 불복하거나, 관직에 있으면서 왕의 허가 없이 국외로 출국하거나, 옥새가 찍힌 출두명령서를 받고도 나오기를 거부하거나, 왕의 허락 없이 외국 군주의 연금을 받는 행위(문학가도 예외가 아니다)는 그런 모욕에 해당한다. 셋째, 왕의 인격과 왕의 정부에 대한 경멸이 있다. 왕이 게으르거나 소심하다고 말하거나, 왕이 대관식 선서를 어겼다고 말하거나, 왕의 장관들에 대해 불경스럽게 말하는 것이 그런 예이다. 이 죄들은 지금은 전혀 죄로 여겨지지 않는다. 이유는 정부가 아주 확고해진 까닭에 글이나 말로는 정부에 영향을 끼칠 수 없기 때문이다. 넷째, 왕의 칭호에 대한 모욕이 있다. 왕이라는 칭호를 부정하거나, 왕이라는 칭호보다 '프리텐더' (Pretender: 다른 사람이 이미 차지했거나 없어진 왕위에 대한 권리를 주장하는 사람이란 뜻이다/옮긴이)라는 명칭을 더 선호하거나, '프리텐더의 건강을 빈다'는 식으로 건배를 하거나, 충성 서약을 거부하는 것이 여기에 해당한다. 이 죄들은 감금이나 벌금에 처해졌지만 반역이나 중죄, 교황존신죄의 처벌을 받지도 않고 또 사회적 추방의 대상도 되지 않는다.

국민이 주권자에게 저지를 수 있는 범죄 행위를 살펴보았으니, 이젠 주권자가 국민에게 저지를 수 있는 범죄를 보아야 한다. 그러나 그 전에 먼저 누가 국민인지부터 보는 것이 순서인 것 같다.

15장
시민권에 대하여

다양한 국가들의 법은 시민의 권리가 부여되는 사람들과 관련해 서로 많이 다른 모습을 보인다. 대부분의 스위스 공화국들에서는 시민으로 태어나는 것 외에는 어떠한 것도 시민권을 부여하지 않는다. 로마에서는 가족이 4대 혹은 5대 동안 '페레그리누스'(peregrinus), 즉 외국인으로 지낼 수 있었다.

아테네에서는 아버지와 어머니가 모두 아테네 사람이 아닌 경우에는 어떤 사람도 시민이 될 수 없었다. 아테네 시민들은 시민권을 부여하는 데 특별히 인색했다. 이는 시민권에 매우 많은 특권이 딸려 있었기 때문이다.

다른 나라의 왕들조차도 그런 혜택을 누리지 못했다. 아테네 시민들이 이웃 왕에게 호의를 베풀고자 할 때 할 수 있었던 것은 기껏 그

왕에게 수입품에 대한 세금을 면제해주는 정도였다. 아테네 주민들이 마케도니아 왕국의 필리포스 왕의 아버지 아민타스(Amyntas)에게 부여한 혜택이 바로 그런 것이었다. 외국인들은 토박이보다 더 많은 세금을 물어야 했기 때문에, 이 세금을 면제 받는 것도 결코 작은 혜택이 아니었다.

페르시아를 패배시킨 뒤, 아테네의 병력은 25,000명에 달했다. 그들의 나라는 잘 발달되어 있었다. 소아시아의 많은 도시들이 아테네에 공물을 바쳤다. 이 덕에 아테네 사람들은 법원에 출석할 권리를 누렸고, 자녀들을 공공 예산으로 교육시키고, 돈을 나눠가졌을 뿐만 아니라 다른 많은 혜택도 받았다. 만약에 시민들의 숫자가 증가했다면, 이 특권은 그다지 크지 않을 수 있을 것이다. 그래서 그들은 시민권을 매우 소중히 여겼다.

잉글랜드의 행정구로 오는 사람이 예외 없이 그곳에 부담이 되지 않을 것이라는 내용의 확인서를 제출해야 하듯이, 자유민의 숫자가 작고 선거가 소수의 손에 의해서만 이뤄지는 작은 공화국들에서는 예외 없이 시민권이 대단히 중요했다. 그러나 로마와 같은 대도시에서는 시민권은 아주 작은 선물에 지나지 않았으며, 따라서 전체 속주의 주민들을 한꺼번에 시민으로 만들었다.

브리튼에서는 왕국 안에서 태어난 사람은 법의 보호를 받고, 토지를 구입할 수 있으며, 국교도라면 어떠한 관직에도 선출될 수 있다. 큰 국가에서는 출생지가 시민의 기준이 되고, 작은 국가에서는 시민의 신분을 가진 부모에게서 태어나는 것이 시민의 기준이 된다.

마찬가지로 시민이 되지 못하는 조건도 나라마다 다르다. 고대 로마의 법과 모든 미개한 국가들의 법에 따르면, 그들의 영토 안으로 들어오는 사람의 재화는 모두 몰수되었으며, 그 사람은 그를 처음 본 사람의 노예가 되었다. 폼포니우스(Sextus Pomponius)의 법에 의하면, 이 사람이 만약에 로마와 평화로운 관계를 유지하는 국가에서 왔다면 법이 정한 바에 따라 처리되었다. 미개한 국가에는 외국인과 적을 의미하는 단어가 똑같다. 말하자면 외국인은 곧 적으로 여겨졌다는 뜻이다. 로마에서도 모든 외국인은 '호스티스'(hostis), 즉 적이었다. 로마인들이 모든 국가들을 적국으로 여기고 그 나라들에서 온 사람들을 스파이로 여겼기 때문이다.

브리튼의 군함 리치필드 호가 1746년에 모로코 황제의 영역에서 난파했을 때, 브리튼이 이 황제와 아무런 동맹을 맺고 있지 않았기 때문에 선원들은 모두 노예가 되었다. 그래서 브리튼 국왕은 현지의 관습을 존중하며 선원들을 위해 몸값을 지불했다. 국가들이 자국의 재화를 수출하고 타국의 재화를 수입하는 것이 자국에 이롭다는 사실을 깨달을 때, 그 국가들은 자연히 자국과 교역을 하는 사람들이 신체적으로나 물질적으로나 안전한 상태로 지내도록 허용할 것이며 아울러 피해를 입게 될 경우에 적절한 조치를 취할 수 있도록 허용할 것이다. 이것이 현재 유럽의 대부분 국가들이 외국인들에게 허용하고 있는 지위이다.

브리튼에서 외국인은 땅을 구입하지도 못하고 상속을 받지도 못하고 물적 소송을 제기하지도 못한다. 외국인은 유서도 쓰지 못한다. 이유는 유서가 소유권의 엄청난 확장이고 또 유서가 죽은 사람에 대한 동정과 애정에 근거하는데, 외국인에겐 그럴 만한 기회가 거의 없기 때문이다. 특별한 법령에 의해서, 외국 상인은 주택을 임차할 수 있었다. 그러나 외국 숙련공은 그런 권리를 갖지 못했다. 이 같은 조치는 별난 어떤 원칙에서 생겨났는데, 이 원칙은 브리튼의 숙련공들까지도 외국인들이 자신들 사이에 정착하는 것을 꺼리도록 만들었을 것이다. 대부분의 국가는 외국인들을 이런 식으로 다뤘다.

브리튼에서 시민권을 취득하는 길은 두 가지이다. 첫째, 왕의 권한에 속하는 거류 허가증을 얻는 길이 있다. 둘째로는 의회의 조치인 귀화법을 근거로 시민권을 얻는 길이 있다. 거류 허가증을 갖게 되면 외국인은 땅을 구입하고 후손들이 브리튼의 국민이 되었을 경우엔 그것을 후손에게 물려줄 수 있다. 그러나 그 외국인 본인은 땅을 물려받지 못한다. 이는 왕이 모든 외국인들의 상속인이기에 그 외국인은 자신의 권리를 양도할 수는 있지만 외국인들의 상속인인 왕의 권리까지 빼앗지는 못하기 때문이다. 거류 허가증을 받은 외국인은 타인의 유언을 통해 자신에게 남겨진 재산을 물려받을 수는 있지만 모든 면에서 완벽하게 상속을 받을 수 있기 위해서는 귀화의 과정이 필요하다. 이 귀화를 통해서 외국인은 자유민의 모든 특권을 누릴 권리를 확보한다. 윌리엄 1세(1028-1087)가 권좌에 올랐을 때, 귀화한 외국인들을 귀족으로 만드는 조치가 취해졌다. 많은 네덜란드 가족들이 윌리엄 왕과 함께 브리튼으로 건너왔기 때문에, 윌리엄이 네덜란드 가족들에게 모든 특권을 부여할 것이라고 짐작하는 것은 자연스러운 일이었다. 그럼에도 이런 불공평한 처사에 화가 난 잉글랜드 사람들은 미래에는 그런 특혜를 부여하는 법이 의회에서 만들어지지 못하도록 정하는 법을 제정했다.

대부분의 국가에서 외국인들에게 토지를 거래하는 권리를 허용하지 않기 때문에, 외국인들이 그런 거래와 관련해 소송을 벌이는 일은 있을 수 없었다. 잉글랜드에서도 독일에서도 외국인들에게는 유언을 남기는 것이 허용되지 않았다.

작센에서는 매우 공평한 법이 하나 만들어졌다. 외국인에게 특권을 전혀 허용하지 않는 국가에서 온 외국인들에게는 마찬가지로 특혜를 전혀 허용하지 않는다는 내용의 법이었다. 로마에서는 유언을 하는 것은 시민들만의 권리였다.

외국인과 관련하여, 우호적인 외국인 혹은 적대적인 외국인이 있다는 사실이 확인될 것이다. 만약에 다수의 적대적인 외국인이 왕을 타도하겠다고 나서거나 왕에게 부상을 입힌다면, 이들은 대역죄로 처벌되지 않는다. 왜냐하면 왕이 이 외국인들의 합법적인 통치자가 아니고, 그들도 왕에게 충성할 의무를 전혀 지지 않기 때문이다. 국가의 법들이 적대적인 외국인들을 보호하지 않는다면, 적대적인 외국인들은 군법으로 다뤄져야 한다. 그러나 브리튼에 사는 외국인들은 국가의 법으로 보호를 받는다. 그들은 왕에게 충성할 의무를 지기 때문에, 반역죄로 처벌을 받을 수 있다. 자유민에게 반역죄가 되는 행위는 우호적인 외국인에게도 똑같이 반역죄가 된다. 브리튼과 전쟁을 벌이고 있는 나라에서 온 외국인도 본국의 통치자에게 정보를 준다면 반역죄로 처벌을 받는다.

16장
국민의 권리에 대하여

지금까지 국가의 국민으로 적절한 사람이 어떤 사람인지를 살펴보았다. 이젠 통치권자가 국민에게 가하는 범죄나 국민의 권리를 제한하는 행위를 다룰 것이다.

공법 중 이 분야에 대해 아주 정확하게 논하는 것은 불가능하다. 국민 중 어느 한 사람이 다른 사람에게 지는 의무는 국가의 법과 법원에 의해 충분히 규명될 수 있다. 그러나 통치자가 잘못하는 때를 결정하는 판사는 전혀 없다. 주권자가 심판의 대상이 된다고 가정하는 것은 곧 또 다른 주권자를 전제하는 것이다. 잉글랜드에서 왕이 국민의 특권을 침범하거나 국민이 왕의 특권을 침범하는 때를 정확히 파악할 수 있다. 그러나 왕과 의회의 권력의 범위가 어디까지인지를 정확히 말할 수 있는 사람은 아무도 없다. 마찬가지로 주권자의 절대 권력이 어느 한 사람에게 속하는 곳에서는 어느 누구도 그 주권자가 할 수 있는 일들을 정확히 말하지 못한다. 주권의 유일한 심판자는 신이다. 우리는 신이 주권의 범위를 어디까지로 정하고 있는지에 대해 알지 못한다. 이 주제에 관한 모든 결정은 지배적인 집단에 의해서 이뤄지며, 법원에 의해서 냉철하게 이뤄지는 경우는 절대로 없다. 그렇기 때문에 지배적인 집단의 결정은 이 주제에 대해 아무것도 말해주지 못한다. 이 주제에 대한 최선의 견해는 정부의 몇 가지 권력과 그 권력의 발달을 고려하는 데서 나올 것이다.

사회가 처음 시작하는 단계에서 정부의 모든 권력은 무질서하게 행사된다. 과반이 전쟁을 개시할 수는 있지만 나머지 소수에 속하는 사람들이 전쟁에 나서도록 강제하지는 못한다. 절대적으로 행사된 최초의 권력이 전쟁을 선포할 권력이었을 것임에도 불구하고, 이 권력에도 그런 한계가 있었던 것이다. 사법권은 동맹 관련 권력보다 훨씬 더 오랫동안 무질서하게 행사되었다. 모든 국가에서 판사들은 처음에 중재자로서만 개입했으며, 간혹 피고인은 소송을 판사에게 맡길 것인지 아니면 결투나 끓는 물 등을 이용해 신에게 맡길 것인지를 선택했다. 판사의 판결이 마음에 들지 않으면, 피고인은 판사에게 법정에서 한판 붙자고 도전했을 것이다. 그러나 세월이 흐르면서 사법권도 절대적인 권리가 되었다. 입법권은 도입될 때부터 절대적이었다. 그러나 입법권도 사회의 시작 단계에는 존재하지 않았다. 입법권은 사법권이 발달하면서 생겨나게 되었다. 사법권이 절대적 권리가 되었을 때, 생명과 자유와 재산을 좌우하는 판사는 정말 무서운 존재였다. 고대 로마의 역사가 타키투스(Publius Cornelius Tacitus:A. D.56-117)는 이런 이야기를 들려주고 있다. 게르만족 일부를 정복한 킹크틸리우스 바루스(Quinctilius Varus:B.C.46-A.D.9)가 법원을 설립하여 그들을 개화시키고자 했으나 게르만족은 오히려 이 같은 노력에 분노해 그와 그의 병사들을 모조리 죽이고 말았다는 것이다. 거친 민족에게 판사는 세상에서 가장 무서운 존재이다. 따라서 소유권이 확장되었을 때 판사들이 따라야 할 규칙을 엄격히 정함으로써 그들의 자의적인 결정에 제동을 걸 필요성이 생겨났다. 이리하여 사법권에 대한 억제의 한 수단으로 입법권이 도입되기에 이르렀다. 브리튼에서 왕은 절대적 행정권과 절대적 사법권을 누린다. 그러나 하원은 왕의 장관들을 탄핵할 수 있고, 왕이 임명한 판사들은 임명된 뒤에 왕으로부터 독립을 누린다. 입법권은 왕과 의회의 절대적 권력이다. 그러나 그 절대 권력에 남용이 있었고, 권력 남용의 피해를 본 쪽에서 정부의 바탕이 된 원칙을 내세워 저항했을 것임에 틀림없다.

정부가 계약을 바탕으로 세워졌고, 이런 권력들이 권력을 심하게 남용하는 사람들에게 맡겨져 있다고 가정해보라. 그럴 경우엔 저항이 합법적인 게 분명하다. 왜냐하면 원래의 계약이 깨어졌기 때문이다. 그러나 우리는 앞에서 정부는 효용과 권위의 원칙을 바탕으로 세워졌다는 점을 보았다. 또한 권위의 원칙은 군주제 국가에서 지배적이고, 효용의 원칙은 공적 모임이나 법원에 참석하는 빈도 등을 바탕으로 하면 민주주의에서 지배적이라는 점을 보여주었다. 민주주의 정부에서는 권위의 원칙이 금지되어 있는 탓에 국민의 지도자들이 지나치게 큰 권력을 얻지 못한다. 지도자들이 지배력을 크게 키울 때까지 권좌에 있는 것이 허용되지 않기 때문이다. 그럼에도 민주주의 국가에서도 존경을 받는 관직은 있다. 브리튼에서는 두 가지 원칙이 동시에 작동한다. 어느 원칙에 충실하든, 저항권은 틀림없이 합법적이다. 이유는 무제한적인 권력은 절대로 있을 수 없기 때문이다. 모순되는 행동을 할 경우에는 개인만 영향력을 잃는 것이 아니라 집단도 영향력을 잃게 된다. 또 경박한 행동은 모든 권위를 앗아갈 것이다. 로마 황제들의 우둔하고 잔인한 짓을 고려한다면, 공정한 독자는 그들을 제거하려던 음모에 찬성할 것이다.

저항의 권리는 다른 형태의 정부보다 절대 군주제 정부에서 훨씬 더 자주 행사된다는 것이 관찰될 것이다. 이는 한 사람이 다수보다 경솔한 조치에 빠지기가 훨씬 더 쉽기 때문이다. 터키에서는 8년이나 10년마다 정부가 바뀌고 있다. 마찬가지로 권력 남용은 상원이나 하원에 대한 저항도 정당화할 것이다. 일부 경우에 이 저항도 합법적이라고 말할 수 있다. 그러나 절대 주권자가 할 수 있는 일과 할 수 없는 일을 결정하는 것은 대단히 어려운 일이다. 이와 관련해 다양한 의견이 있다. 로크(John Locke:1632-1704)는 주권자가 국민의 뜻에 반해 세금을 인상할 때 저항이 합법적이라고 말한다. 그러나 국민이 세금 인상 문제와 관련해 표결을 할 수 있는 나라는 잉글랜드 외에는 없다. 프랑스에서는 세금 인상에 필요한 것은 왕의 칙령뿐이다. 브리튼에서조차도 국민들이 갖는 것은 매우 상징적인 동의에 지나지 않는다. 왜냐하면 표결에 참가하는 사람들의 숫자가 전체 국민의 숫자에 비하면 아무것도 아니기 때문이다. 터무니없는 세금은 틀림없이 저항을 정당화한다. 왜냐하면 어떠한 국민도 자기 재산의 반 정도를 떼어가는 것을 허용하지 않을 것이기 때문이다. 그러나 최고의 정당성이 지켜지지 않을지라도 어느 정도의 절제가 있다면, 국민은 불평을 하지 않을 것이다. 어떠한 정부도 완벽할 수 없다. 그렇기 때문에 정부에 반대하려 드는 것보다 약간의 불편을 감내하는 것이 더 바람직하다.

다른 몇몇 저자들은 왕은 자신의 영토 일부를 양도하지 못한다고 주장한다. 이 같은 견해는 최초의 계약이라는 원칙에 근거하고 있다. 이 계약에 따라 국민은 하나의 정부에 종속하려 하지만 다른 정부를 따르려 하지 않는다는 주장이다. 그러나 이 원칙은 근거가 없다. 프랑스와 스페인에서 영토의 상당 부분이 왕의 자식들에게 각자의 몫으로 주어졌지만 아무런 불평이 없었다. 아메리카의 플로리다가 브리튼의 땅이 되었을 때, 아무도 거기에 반대하지 않았다. 스페인 왕은 자기 마음대로 플로리다를 브리튼에 넘길 수 있었다. 대체로 보면 모든 봉건적인 지배권은 그런 식이었다. 봉건적인 지배권은 군주의 맘에 따라 분할될 수 있었다. 독일의 공국들에서 장자상속의 권리가 행사된 것은 최근의 일이다. 프랑스의 왕은 딸이 왕위를 계승하지 못하게 한 '살리카 법'(Salic law: 살리 계통의 프랑크 족의 클로비스(Clovis: 466-511) 왕이 편찬한 법전/옮긴이))을 바꾸지 못하는 것으로 여겨진다. 이 법은 왕자 이외의 사람에게 왕위 계승을 허용하지 않으려는 왕자들의 권력 때문에 생겨났다. 그러나 만약에 프랑스가 브리튼에서 현 왕조의 계승이 이뤄질 때 그랬던 것처럼 귀족이 부족한 상태였다면, 살리카 법도 다른 법들만큼이나 쉽게 바뀔 수 있었을 것이다.

군주가 하거나 하지 않아야 할 일을 결정하는 것은 어려운 일이다. 그러나 브리튼처럼 전체 권력이 나뉘어져 있을 때, 만약에 국왕이 의회의 동의를 받아야만 할 수 있는 일을 의회의 동의 없이 한다면, 의회는 이에 반대할 권리를 갖는다. 어떤 의회 권리의 본질은 그 권리가 힘에 의해 지켜질 것이라는 점을 전제로 하고 있다. 그렇게 하지 않으면 의회의 권리는 전혀 권리가 될 수 없을 것이다. 만약에 국왕이 세금을 새로 부과하거나 기한이 만료된 뒤에도 계속 부과한다면, 국왕은 국민의 기본권을 침해하는 죄를 저지르게 된다. 제임스 2세는 수입품에 대해 이런 식으로 세금을 계속 부과하려고 시도했다. 권리장전에 보면 세금은 의회의 법이 정한 기한을 넘겨 한 순간도 더 지속되지 못한다고 명백히 쓰여 있는데도 말이다.

잉글랜드 의회는 왕관이 로마 가톨릭 신자인 제임스 2세에게로 넘어가는 것을 지켜보면서 2가지 조건을 제시했다. 즉 교황을 포기하고 국왕 지상권(至上權)을 선서할 것과 모든 사람은 공직에 오른 뒤

3개월 안에 잉글랜드 국교회가 정한 형식에 따라 성찬을 받아야 한다는 것이었다. 제임스 왕은 로마 가톨릭 신자를 군대와 추밀원에 고용한 외에도 완전히 자격 미달인 사람을 재무성에 앉히고 대학의 특권을 침범했다. 그는 또한 자신과 아무런 관련이 없는 소송에서도 법적용을 면제할 권한을 갖는다는 식으로 나왔다.

일부 주교들이 단지 모든 브리튼 국민이 누리는 권리에 해당하는 행위를 했다는 이유만으로, 말하자면 제임스 2세 왕의 권력 남용에 이의를 제기했다는 이유만으로 감옥에 보내졌다. 브리튼에서는 그 어떤 일도 주교를 이런 식으로 공격하는 것만큼 국민의 경계심을 강하게 자극하지 못한다. 그러자 어느 성직자가 왕의 종교인 로마 가톨릭을 비판하는 설교를 했으며, 이 때문에 런던 주교에게 이 비판자의 자격을 정지시키라는 명령이 떨어졌다. 그러나 런던 주교는 이 비판자에게 그런 설교를 더 이상 하지 말라고 주의를 주는 선에서 끝냈다. 이에 불만을 품은 왕은 특설고등법원을 설치하고 런던 주교와 비판자를 법정에 서게 했다. 이후 이 법원은 오랫동안 폐지되었다.

제임스 왕은 국민의 증오심을 감지하면서 그 증오심이 대수도원의 토지를 소유한 사람들이 토지를 잃게 될지 모른다는 공포에서, 그리고 국교가 바뀌는 데 대한 공포에서 비롯된다고 판단했다. 그래서 그는 모든 사람에게 양심의 자유를 허용할 것이고 또 교회의 땅을 소유하고 있는 모든 사람들에게 계속 땅을 가질 수 있도록 허용할 것이라고 선언했다. 이는 왕이 세상에서 가장 힘든 일인 국교를 바꾸는 작업을 추진하고 있다는 점을 명백히 보여주었다. 국교를 바꾸기 위해선 먼저 국민의 의견을 바꿔놓을 필요가 있다. 종교개혁 이전에 루터(Martin Luther:1483-1546)와 칼뱅(Jean John Calvin:1509-1564), 존 녹스(John Knox:1513-1572)가 한 것처럼 말이다.

이어서 제임스 왕은 군대에 호소했지만 군대도 더 이상 그의 편이 아니라는 사실을 확인했다. 그러자 그는 군인들에게 앞으로는 자신의 속내를 털어놓지도 않을 것이며 어떠한 일이 있어도 상의를 하지 않을 것이라고 말했다. 왕의 그런 행위가 혁명을 초래하고, 그 가문이 무시당하게 되었다는 사실엔 이상할 게 하나도 없다. 그때 이미 잉글랜드의 국민 모두가 오라녜 공(Prince of Orange) 쪽으로 넘어가 있었기 때문이다. 잉글랜드 국민은 튜더가를 한꺼번에 버렸을 수도 있었을 것이다. 그러나 그들은 너그럽게도 재산 몰수로 가문을 불명예스럽게 만들 그런 법을 엄격히 적용하지 않았으며 프로테스탄트를 믿던 두 딸에게 왕관을 씌워주었다. 제임스의 아들은 가톨릭 식으로 교육을 받은 까닭에 가톨릭 신자라는 의심을 샀기 때문에 왕위를 거부당했다. 현재의 왕조는 프로테스탄트를 믿기 때문에 의회의 법에 의해 쉽게 정착할 수 있었다. 프로테스탄트가 아니면 어떠한 군주도 잉글랜드의 왕좌에 앉지 못한다는 내용의 법이 마련되었다. 그렇다면 제임스 왕은 국민의 권리를 잠식한 것 때문에 반대에 봉착하고 거부당했다고 볼 수 있다. 아주 합당하고 공평한 결과였다.

지금까지 우리는 국가의 한 구성원으로서의 사람을 고려했다.

성직자와 평신도가 한 국가의 국민을 나누는 두 가지 중요한 부류이기 때문에, 여기서 성직자에 관한 법과 성직자와 평신도의 권리에 대해서도 논할 수 있을 것이다. 또한 국가를 민간 조직과 군대 조직으로 나눈다는 전제 하에서 군법을 고려할 수도 있을 것이다. 그러나 이런 것들은 우리의 목적과 거리가 있다.

제2부

가정법에 대하여

1장
남편과 아내

이제 가족의 구성원으로서의 사람을 고려할 차례이다. 가족 안에 존재하는 3가지 관계를, 말하자면 남편과 아내, 부모와 자식, 주인과 하인의 관계를 고려해야 한다.

먼저, 남편과 아내를 고려할 것이다. 모든 동물을 보면, 종(種)의 번식과 부양에 수컷과 암컷의 결합이 필요하다. 네발짐승은 암컷이 새끼를 밸 때면 더 이상 서로에게 욕망을 느끼지 않는다. 새끼를 부양하는 것은 암컷에 그다지 부담이 되지 않으며, 수컷이 지원해야 할 일도 별로 없다.

그러나 새들 사이에는 결혼과 비슷한 것이 일어나는 것 같다. 새들은 서로에게 지속적으로 욕망을 느끼며, 새들의 결합은 상당한 기간 동안 이어진다. 새들은 암컷과 수컷이 공동으로 새끼를 양육한다. 그러나 새끼가 혼자 힘으로 이동할 수 있게 되기만 하면, 암컷 새와 수컷 새의 이런 성향은 중단된다.

인간의 경우에는 여자들이 젖으로 아이들을 오랫동안 부양하지 못한다. 따라서 남편의 도움이 자녀의 양육에 반드시 필요하다. 이것이 결혼을 영원한 제도로 만들었다. 그러나 기독교가 정착되지 않은 나라들에서는 남편은 이혼의 권리를 무제한적으로 가지며 자신의 행동에 대해 책임을 지지도 않는다. 고대 로마의 경우에 남편들이 이혼의 권리를 가졌음에도 불구하고 이혼은 떳떳하지 못한 태도로 여겨졌다. 인간의 본성이 이런 식으로 작동하는 데에서 어떤 효용이 관찰될 것이다. 아이들이 오랫동안 부모에게 의존하며, 그 과정에 사회의 유익한 구성원이 될 수 있도록 세세하게 훈련을 받는 것이다. 모든 아이는 심지어 아주 형편없는 부모 밑에서조차도 어느 정도의 교육을 받게 된다.

남편과 아내의 관계와 관련해, 양 당사자가 결혼 관계를 유지하는 동안에 서로에게 지는 의무는 어떤 것이 있는지, 결혼 관계는 어떤 식으로 시작되고 끝나는지, 각자의 특별한 권리와 기본적인 권리는 무엇인지를 보도록 하자.

첫 번째 의무는 아내가 남편에게 정절을 지키는 것이다. 정절을 지키지 않는 것은 아주 중대한 죄이다. 사생아가 가족에 들어와서 혼인 관계에서 태어난 자식 대신에 가문을 이을 수도 있을 것이기 때문이다. 그러나 이런 현실적인 유용성은 아내의 부정을 중대한 죄로 본

적절한 근거가 아니다. 대중이 정절을 지키지 않은 아내에게 품는 분노는 남편의 질투에 공감하는 데서 비롯된다. 따라서 대중은 아내의 부정에 분개하며 처벌하려는 성향을 보인다. 질투의 감정은 혹시 사생아가 나올지 모른다는 생각에서 일어나는 것이 아니다. 구체적인 행위 때문에 질투심이 일어나는 것은 아닌 것이다. 남편은 자기 아내의 부정에 대해 다른 모든 사람들보다 남편인 자기를 더 중히 여기겠다는 뜻을 완전히 팽개친 것으로 여긴다. 이것이 남편이 아내의 부정에 대해 품는 진짜 생각이다. 다음과 같은 예를 통해서 이 견해가 더욱 확실한 것으로 확인될 것이다. 우리가 아버지에 대해 품는 생각은 우리를 존재하게 한 그 성행위에서 비롯되지 않는다. 왜냐하면 그 같은 생각이 역겹기도 하고 터무니없기도 하기 때문이다. 아들이 아버지에게 품는 진짜 생각은 아버지가 자신의 유년의 관리자이고, 무력한 자신을 지탱해 준 사람이고, 자신의 수호자이고 또 모범이고 보호자라는 것이다. 이런 것들은 자식으로서 품을 수 있는 적절한 감정이다. 아버지의 생각에 아들은 자신에게 의지하고, 자신의 집에서 자신의 비용으로 키워지는 존재이다. 이런 연결 속에서 아들에 대한 애정이 깊어져야 한다. 그러나 사생아는 그 같은 존재를 낳은 어머니의 부정에 대한 분노 때문에 불쾌감을 안겨준다.

국민들의 태도가 무례하고 교양이 없는 나라에는 질투심 같은 것이 전혀 없다. 거기선 자신에게 태어나는 모든 아이는 자기 자식으로 여겨진다. 질투심의 원인은 사랑의 감정에 수반되는 그 감수성에 있으며, 그래서 질투심은 국민의 태도가 어느 정도 무례하냐에 따라 나라마다 다 다르다. 대체로 보면, 섹스나 부정에 대해 별로 신경을 쓰지 않는 나라의 국민들의 태도가 느슨할 것이다. 그리스 신화에서 스파르타의 왕 메넬라오스가 아내 헬레나가 아니라 아내와 함께 달아난 파리스에게 분노하는데, 그 분노의 원인은 파리스가 그녀를 유혹했기 때문이 아니라 그녀를 네려갔기 때문이다. 『오디세이아』를 보면 헬레나는 그 일에 대해 남편에게 아무 거리낌 없이 말한다. 이 이야기는 앞의 견해를 뒷받침하고 있다. 스파르타에서는 남자들이 아내를 빌리고 빌려주는 것이 예사였다. 국민의 태도가 보다 세련되게 다듬어졌을 때 질투가 시작되었으며, 그 질투는 마침내 오늘날 터키인들 사이에서 이뤄지고 있는 것처럼 아내들을 가둬놓기에 이르렀다. 인류가 더 많이 세련됨에 따라, 여자들을 가두게 만들었던 바로 그 맹목적인 사랑이 이번에는 여자들에게 자유를 허용하게 만들었다. 고대 그리스에서도 후반에 이르면서 여자들은 어디에나 자유롭게 갈 수 있었다. 똑같은 애정이 극단으로 치달을 경우에 부정(不貞)이 아무렇지도 않을 수 있을 만큼 큰 자유를 주게 되는 것이다. 어느 미개한 국가도 프랑스만큼 방종이 심하지 않다. 따라서 우리는 같은 사회 안에서도 여러 시기에 걸쳐 여자를 대하는 태도에 편향이 나타나는 것을 관찰할 것이다.

사회가 최초로 시작되는 단계에서는 여자들에게 쾌락의 대상으로 거의 또는 전혀 관심을 기울이지 않았지만, 그렇다고 해서 여자들에

118

게 성적 대상보다는 이성적인 생명체로 관심을 더 많이 기울였던 적은 한 번도 없었다. 북미에서는 여자들도 전쟁 수행을 포함해 모든 중요한 과업과 관련해 자문을 한다. 그럼에도 현대에 들어와서 여자들에게 쏟는 존경은 매우 작다. 여자들에겐 단지 아름다움을 망쳐놓을 그런 힘든 일만 주어지지 않고 있다. 남자들은 자신의 친구에게 힘든 일을 면제해 주려 하지 않으면서도 자신의 정부(情婦)에게는 그런 걸 하지 않게 할 것이다. 아내의 부정이 남편에게 모욕을 안기는 것으로 여겨질 때, 결혼하지 않은 여자들을 조신하게 행동하게 해 결혼한 뒤에도 자제를 생활화하도록 할 필요가 있다. 간음에 대한 처벌의 기원은 바로 거기에 있다.

이제 결혼이 어떻게 시작되었는지를 고려할 때이다. 결혼한 후의 의무가 결혼하기 전의 의무와 아주 다르기 때문에, 남녀 사이에 결합이 시작되는 시점에 어떤 특별한 의식이 필요했을 것이다. 이 의식은 나라마다 다 다르지만, 대체로 강렬한 인상을 남겨야 하기 때문에 종교와 연결되어 있다. 사회의 초기에는 결혼을 영속시킬 뜻을 갖고 있었음에도, 남편은 무제한적인 이혼의 권리를 가졌다. 여자가 엄청난 범죄를 저지른 경우를 제외하고는, 이혼의 권리를 행사하는 것 자체가 품위 없고 야비한 짓으로 여겨지긴 했지만 말이다. 남편이 이혼의 권리를 무한히 누리게 된 이유는 정부가 개인의 일에 가급적 개입하려 들지 않았고, 사사로운 가정사에는 더더욱 관여하려 들지 않았기 때문이다. 정부의 안전을 보장하기 위해서, 모든 정부는 온갖 수단을

다 동원하여 남편의 권력을 강화하고 남편을 최대한 절대적인 존재로 만들려고 노력했다. 고대 로마의 경우에 남편은 자기 가족과 관련 있는 모든 일에서 생사여탈권을 쥔 주권자였다.

로마에서는 3가지 방식으로 결혼이 이뤄졌다.

첫째, 귀족들이 하는 최고의 결혼식으로 빵을 바치는 혼인이 종교적인 의식으로 치러졌나.

둘째, 남편이 아내를 돈으로 사는 결혼이 있었다.

셋째, '점유'에 의한 결혼이 있었다. 남자가 여자와 1년을 넘겨 하루라도 더 살면, 그 여자는 시효에 의해 그의 아내가 된다. 그는 그녀와 이혼할 수도 있었다.

여성의 상속이 가능해진 뒤로 아내에게도 이혼의 권리가 주어졌다. 결혼 전에 행복하게 살면서 아주 많은 권한을 누렸던 부유한 여자는 재산을 모두 남편에게 주고 싶어 하지 않았을 것이다. 그래서 법률가들은 여자 상속인에게 유리한 새로운 종류의 결혼을 만들어냈다. 계약 결혼이라 불리는 방식이었다. 당사자 간에 몇몇 조건에 합의가 이뤄진 다음에 남편이 와서 아내를 자기 집으로 데려가는 식이었다. 시효에 따른 권리가 발생하는 것을 막기 위해, 여자는 일 년에 사나흘은 집 밖에서 지냈다. 계약에 따라 이렇게 하면 여자는 자신의 재산을 보호할 수 있었다. 이런 식으로 아내는 남편과 똑같이 독립을 유지하면서 이혼의 권리를 누렸다. 결혼이 양 당사자의 동의에 근거하기 때문에, 어느 한 쪽에서 이의를 제기하면 결혼이 깨어지는 것이 합리적이었다.

이런 형식의 결혼은 오늘날의 결혼과 꽤 비슷하다. 그러나 옛날의 결혼과 지금의 결혼 사이에는 큰 차이가 있다. 옛날의 결혼은 자식들을 적출자로 만들지도 못했고 여자들의 명예를 지키지도 못했다. 이 같은 로마의 결혼 방식은 엄청난 무질서를 야기했다. 당시에 자주 있었듯이 당사자들이 갈라설 때, 두 사람은 다른 사람과 다시 결혼했으며, 대여섯 명의 남편을 거치는 여자도 많았다. 이것이 여자들의 도덕을 심하게 타락시켰으며, 그 결과 군주제가 끝날 무렵엔 위대한 인물 치고 바람난 아내를 두지 않은 사람이 없을 정도였다. 이 무질서가 얼마나 심했던지, 기독교가 확립된 이후에는 합당한 이유가 없을 경우에 이혼의 권리가 제한되었다. 유럽 서쪽에 정착한 스키타이인들 사이에는 이혼의 권리가 주어지지 않았다. 그러나 부르고뉴 지방에서는 남편의 권력이 대단히 막강했다. 그곳에서는 법에 따라, 남편이 아내를 학대하면 벌금형이 내려졌지만, 처신을 잘못한 아내는 사형에 처해졌다.

대체로 악질적인 죄만 민사 법원에서 다뤄졌기 때문에, 사소한 죄들은 성직자들이 담당하게 되었다. 이것이 성직자들에게 큰 권력을 안겨주는 계기가 되었다. 민사 법원이 계약의 파기에 대해 전혀 아무런 구제책을 제시하지 않을 때, 성직자들은 위반자를 약속 파기로 처벌했다. 남편과 아내 사이에 어떤 불화라도 일어나면, 성직자들은 부부가 함께 속죄를 하도록 했다. 훗날엔 간통이 아니거나 한쪽 당사자가 상대방으로부터 육체적 폭력을 두려워하는 상황이 아닌 경우에는 이혼의 권리가 주어지지 않았다. 육체적 피해가 우려되는 경우에도 완벽한 이혼이 허용되지 않았다. 왜냐하면 남녀 어느 쪽에도 다시 결혼하는 것이 허용되지 않고 별거만 허용되었기 때문이다.

완벽한 이혼, 그러니까 재혼이 허용되는 이혼의 원인은 3가지였다. 첫째, 혈족 관계일 경우에 교황으로부터 특별 면제를 받지 못하면 결혼이 무효화되었다. 둘째, 다른 여자와의 약혼은 이혼 사유가 되었다. 셋째, 남자의 성 불능과 여자의 성 불감증도 이혼 사유였다. 이런 사유 외에 성직자들이 결혼과 관련하여 몇 가지 다른 요인을 끌어들였다. 성직자들이 만든 법들은 꼭 여자들에게 호의적이지 않은 것만은 아니라는 사실이 확인될 것이다. 성직자들은 남편과 아내의 부정을 똑같이 처벌해야 한다고 생각했다. 당연히 남자가 여자보다 이혼의 권리를 더 많이 누려서도 안 된다는 것이 성직자들의 판단이었다. 간통과 폭력, 공포는 별거의 이유로 고려되었지만 이혼의 이유로 여겨지지는 않았다.

교회법은 처음 생길 때 성직자들에게 좌우되었는데, 당시 성직자들은 대개 로마법을 베꼈다. 이렇듯 교회법에 성직자들의 영향이 컸던 이유는 라틴어를 이해하는 유일한 사람들이 그들이었기 때문이다. 또 성직자들이 문헌을 많이 소장하고 있었기 때문이기도 했다. 처음에 교회법도 결혼에 아무런 의식을 요구하지 않았다. 빵을 바치는 혼인 의식이 로마 시대 후반 들어 폐지되었을 때, 결혼에 요구되었던 유일한 것은 '계약'뿐이었다. 그 결과 교회법에 의해서 오랫동안 현재의 계약 혹은 미래의 계약에 따라 결혼이 성립되었다. 현재의 계약은 이런 식이다. '나는 당신을 아내로 맞이하노라.'라거나 '나는 당신을 남편으로 맞이하노라.'라는 식이었다. 미래의 계약은 '나는 당신을 아내로 맞이하겠노라.'라는 식으로 이뤄졌다. 어느 계약이든 증거나 서약으로 증명될 수 있었을 것이다. 교황 인노첸시오 3세(Innocent Ⅲ:1160?-1216)가 모든 결혼식을 회중(會衆) 앞에서 행하는 것을 원칙으로 정했다. 이런 식의 결혼만이 유일하게 제대로 된 결혼으로 여겨졌음에도, 다른 방식의 결혼도 종종 행해졌고 또 여전히 유효한 것으로 받아들여졌다. 만약에 어떤 사람이 미래의 계약을 통해 결혼해놓고 그 뒤에 회중 앞에서 결혼식을 올리려 할 경우에, 결혼 예고가 나오기 전까지 첫 번째 아내가 그 결혼에 반대하지 않으면 첫 번째 결혼은 무효가 되었다. 만약에 그 사람이 먼저 현재의 계약을 통해 결혼을 했다면, 두 번째 결혼이 무효가 되었다. 결혼 계약을 더 이상 성직자 법원에서 관리하지 않도록 한 법(late Marriage Act)이 마련되기 전까지, 잉글랜드에서도 결혼은 그런 식으로 이뤄졌다. 만약에 미래의 계약이 입증될 수 있다면 남자가 선서를 거부하더라도, 일부 국가들에서 미래의 그 결혼은 유효한 것으로 여겨진다. 현재의 계약은 어디서나 유효하다. 두 사람이 계약 후에 함께 살고 있다면, 그 계약은 특별히 더 유효하다. 이 모든 제도들은 교회법에서 비롯되었으며, 당시의 교회법은 이 제도들을 위반하면 지금과 마찬가지로 교회의 비판을 받도록 했다.

잉글랜드에서는 의회의 법만이 이혼을 가능하게 한다. 아내의 부정으로는 이혼이 가능하지 않다. 스코틀랜드에서는 이혼이 훨씬 더 쉽다. 프로테스탄트들은 교회법까지 들춰가며 문제를 해결하려 들지 않는다. 왜냐하면 성직자 자신도 결혼을 하기 때문이다. 게다가, 예전 같으면 조롱의 대상이 되었을 사랑이라는 열정이 옛날보다 훨씬 더 중요하고 존경할 만한 감정이 되었다. 이 같은 견해에 대한 증거로, 고대의 비극 중에선 사랑을 다룬 작품이 전혀 없는 반면에 오늘날엔 사랑이 모든 대중적 오락에 영향을 미치고 있다는 사실을 제시할 수 있다. 이는 오직 인류의 변화에 의해서만 설명될 수 있다.

지금까지 다룬 결혼의 종류들은 오직 로마와 일부 기독교 국가들에서만 행해졌다. 남자가 능력이 닿는 한도 안에서 최대한 많은 아내를 둘 수 있는 국가도 다수 있다. 이는 자연히 일부다처제의 기원을 돌아보게 만든다. 자발적 이혼에 많은 불편이 따른다 할지라도, 어떤 남자가 간통이 아닌 다른 목적으로 자기 아내를 옆으로 밀어놓고 다른 아내를 얻는 것은 정의의 원리에 전적으로 위배되지는 않는다는 점이 관찰될 것이다. 이는 남녀 두 사람이 따로 살면 각자가 매우 잘 살 수 있는데도 함께 생활할 경우에 서로가 불행해질 수 있기 때문이다. 일부다처제도 이와 비슷한 경우이다. 만약에 어떤 여자가 다섯 명 혹은 스무 명 혹은 그 이상의 아내 중 하나가 되기로 동의한다면, 그녀에게 전혀 아무런 피해가 없을 것이다. 그녀는 자신이 당연히 기대했던 대로 대접을 받게 될 것이다. 고대 유대법과 동양의 법들은 일부다처제에 관대했다. 그러나 일부다처제와 자발적인 이혼이 정의에 전적으로 위배되는 것은 아닐지라도, 일부다처제가 확립되거나 허용된 곳의 실상을 보면 그 제도는 언제나 매우 나쁜 제도임에 틀림없다.

일부다처제는 대단히 치열한 질투심을 자극하는데, 이 때문에 가정의 평화가 파괴된다. 아내들은 서로 모두 경쟁자이고 적이다. 게다가 아이들은 예외 없이 제대로 보살핌을 받지 못한다. 아내는 자기 자식이 응당 받아야 할 대접을 받지 못한다고 불평한다. 그런 불평이 나오는 이유는 아내가 자기 자식에 대한 아버지의 애정을 자신의 눈으로만 보기 때문이다. 자기 남편의 자식이 40명 혹은 50명이나 되지만 그녀의 자식은 겨우 네댓 명에 불과하다는 사실은 아내의 생각엔 없는 것이다. 일부다처제가 일어나는 곳에는 사랑의 질투도 있고 이해관계의 질투도 있을 것임에 틀림없다. 따라서 거기엔 바람 잘 날이 하루도 없을 것이다.

동양 군주국들의 후궁에는 평온이 유지된다는 반론이 제기될 수 있다. 그러나 이 평온은 아주 무서운 훈련의 덕이다. 진압당한 반란자들이 아주 굴욕적인 행동을 보이는 것이나 같은 이치이다. 아프리카에서 무서울 정도의 무질서가 확인된다. 그들의 훈련이 충분히 엄격하지 않기 때문에 나타나는 현상이다. 완전히 갇힌 채 자신들이 혐오하는 내시밖에 상대할 사람이 없는 상황에서 사는 것은 여자들에게 더없이 비참한 삶이다.

후궁을 두고 있는 남자 역시 결코 행복하지 않다. 겉으로 보이는 것과 완전히 딴판이다. 그도 질투심을 느낄 것임에 틀림없고, 그와 아내들 사이의 불평등 때문에 그는 자신의 집에서도 전혀 즐거움을 누리지 못하고, 사회적 향상을 이룰 기회도 갖지 못한다. 투른포르 (Joseph Tournefort(1656-1708): 식물의 속(屬) 개념을 처음으로 정의한 프랑스 식물학자/옮긴이)가 들려주는 이야기에 따르면, 터키 사람 앞에서는 그 사람의 아내에 대해 절대로 언급해서는 안 된다. 터키 사람의 아내는 남자들의 눈에 띌 수 없다. 심지어 의사에게도 보이지 않는다. 남편의 이런 위엄과 냉담은 그 나라의 분위기에 나쁜 영향을 끼쳤을 것임에 틀림없다. 남자들은 서로 신뢰하지도 않고 서로 의지하지도 않는 탓에 당(黨)을 구성하지 못한다. 그래서 터키 정부는 언제나 독단적으로 권력을 남용할 수 있었을 것이다. 사람들은 독단적인 정부의 모델을 자신의 집에서 언제나 눈으로 확인하며 산다. 그들의 집에서는 부모가 자식에게 쏟는 애정은 거의 보이지 않고, 부부 간의 애정은 그보다 더 약하다. 이 모든 것들 외에, 일부다처제는 인구를 떨어뜨리는 경향이 있다. 아주 많은 남자들이 아예 아내를 얻지 못하고, 그런 남자들 중 많은 수는 후궁을 관리하기 위해 거세된다. 남자보다 여자가 더 많이 태어난다는 보고가 있다. 몽테스키외(Montesquieu: 1689-1755)는 동인도제도의 반탐에는 남자 한 명에 여자가 열 명꼴로 태어난다고 말하고 있다. 네덜란드 저자들은 아프리카 기니 해안에는 남자 한 명에 여자가 50명이나 태어난다고 말한다. 일본에 관한 내용은 꽤 믿을 만하다. 일본의 경우엔 남자 9명에 여자가 11명 태어난다고 한다. 사실이 이렇다면, 일부다처제가 행해지지 않았다면, 그것이 오히려 불편을 낳았을 것이다.

엄밀히 조사하면, 유럽도 그것과 별로 차이가 없다는 것이 확인된다. 일반적인 계산은 여자 12명에 남자 13명, 혹은 여자 16명에 남자 17명이다. 남자가 여자보다 위험에 더 많이 노출되기 때문에, 이 수치는 남녀를 거의 동수로 만들 것이다. 만약에 유럽에 남녀 숫자에 전혀 차이가 없다면, 다른 지역에도 남녀 숫자에 차이가 없다고 결론을 내리는 것이 합리적이다. 자연의 법칙은 어딜 가나 똑같다. 중력의 법칙도 똑같고, 인력의 법칙도 똑같다. 그런데 세대의 법칙만 달라야 할 이유가 있을까? 앞에서 언급한 곳들 중 일부에서는 정말로 남자들보다 여자들이 많을 수 있다. 종교의 발상지이거나 궁전이 있어서 삶이 호화로운 곳에는 여자들이 더 많을 것임에 틀림없다. 왜냐하면 부유한 사람들만 후궁을 둘 수 있고, 그들이 다른 곳에서 여자들을 사들일 것이기 때문이다. 그래서 그런 곳에서는 일부다처제가 행해지지 않는 곳으로부터 여자들을 지속적으로 수입하게 된다.

일부다처제는 독재적인 정부 하에서 일어난다. 어떤 나라가 야만인에게 정복당하면, 정복자인 야만인들은 온갖 잔인성을 다 보일 것이며 특히 일부다처제에 깊이 빠져들 것이다. 이유는 그들에겐 일부다처제를 막을 법이 전혀 없기 때문이다. 터키에서는 일부다처제가 일어나고 있지만, 고대 카르타고나 로마에서는 일부다처제가 전혀 없었다. 모든 국가에서 자유가 일부다처제를 몰아내고 있다. 자유민들이 일부일처제를 따르는 일보다 더 쉬운 것은 없다. 그러나 독재는 언제나 일부다처제에 우호적이다.

몽테스키외는 일부다처제를 옹호하는 취지의 관찰을 더 많이 제시한다. 일부 나라들에는 여자들이 여덟 살이나 아홉 살에 결혼을 할 수 있어서 스무 살이 되면 늙고 시든다는 내용도 있다. 여자들은 아름다움을 간직하고 있을 때에는 이해력이 깊을 수 없고, 이해력이 깊어질 때에는 아름다움을 잃게 된다. 따라서 남편은 한 사람 이상의 아내를 필요로 한다는 내용이다. 어릴 때 처녀성을 빼앗는 것이 그런 나라들의 관습일 수 있다. 그러나 그것은 입증이 아직 제대로 되지 않고 있다. 클레오파트라(Cleopatra)가 아우구스투스(Augustus)에게 패배했을 때 그녀의 나이 36세였음에도 아이를 갖고 있었다. 시칠리아의 콘스탄체(Constance of Sicily:1154-1198)는 아이를 쉰 넘어서 가졌다고 한다. 그러나 소녀들이 일찍 결혼해 스무 살에 늙는 것이 사실이라 할지라도, 일부다처제가 행해지는 것은 합당하지 않다. 자발적인 이혼이 이치에 맞다. 설령 여자들이 10년 혹은 20년 동안만 유용하다 하더라도, 남자가 결혼을 한 번 더 하는 것은 몰라도 동시에 여러 명의 여자를 두는 것은 말이 안 된다.

일부다처제가 행해지는 곳에는 세습 귀족이 있을 수 없다. 아내가 많으면, 여러 아내가 거의 동시에 아이를 낳을 수 있고 따라서 장자

상속권을 지키기가 어려워진다. 아이가 아주 많은 경우엔 아이들 모두가 부모의 사랑을 똑같이 받지 못한다. 아이들이 세상에서 제대로 자리를 잡도록 돕는 것이 바로 부모의 사랑인데도 말이다. 아이들이 많으면, 부모의 사랑이 약해진다. 나는 나의 친구의 자식들을 네댓 명 정도는 유심히 지켜볼 수 있지만 그 숫자가 백 명이나 될 경우에는 관심을 거의 기울이지 못할 것이다. 지금 세습 귀족은 국민의 자유를 지키는 안전장치가 되고 있다. 전국 곳곳에서 국민들은 억압받을 때마다 자신들의 우두머리인 세습 귀족에게로 달려간다. 동양의 나라들에는 그런 것이 전혀 없다. 모든 사람이 거의 갑자기 잘된 사람들이고, 왕족만 존경을 받고 있다. 터키의 파샤의 가족들은 파샤가 죽은 뒤에 평범한 사람들과 섞여버린다. 세습 귀족이 있는 곳마다, 나라는 쉽게 정복당하지 않는다. 아니, 전혀 정복당하지 않을 수 있다. 그들은 한 번 내지 두 번은 패배할 수 있으나 자연스런 지도자 밑에서 다시 일어선다. 동양의 나라들은 세습 귀족을 결여하고 있기 때문에 외국의 침입자들에게 강하게 저항하지 못한다.

일부다처제는 한 국가의 인구 증가에 지나치게 큰 피해를 안긴다. 100명의 남자들과 결혼한 100명의 여자들은 두 세 명의 남자들과 결혼한 100명의 여자들보다 아이를 훨씬 더 많이 낳을 것이다. 이 대목에서 중국이나 이집트는 일부다처제가 행해지고 있음에도 인구가 많다는 반론이 제기될 수 있을 것이다. 이들 나라에는 인구와 관련한 다른 규정이 있으며, 비옥한 토양 등 다른 환경이 인구 증가를 낳고 있다.

지금 우리는 결혼에 두 가지 종류가 있다는 것을, 즉 일부다처제와 일부일처제가 있다는 것을 확인하고 있다. 일부일처제는 3가지 종류로 나뉜다. 첫째, 남편이 마음대로 아내와 이혼할 수 있는 것이 있다. 둘째, 이혼의 권리가 남편과 아내에게 똑같이 주어지는 것이 있다. 셋째, 이혼의 권리가 전적으로 행정장관에게 주어지는 것이 있다. 일부다처제가 허용되는 곳에서는 아내가 완전히 남편의 권력 밑으로 들어가기 때문에, 남편은 아내와 이혼하거나 아내를 자기 마음대로 다룰 수 있다.

일부일처제에 관한 법들은 일부일처제의 종류에 따라 달라진다. 계약이나 합의가 행정장관을 통해서만 파기될 수 있는 그런 일부일처제가 가장 편리하다. 이런 일부일처제가 채택되는 경우에 아마 이혼은 사회에 아주 바람직하지 않은 것으로 여겨지게 될 것이다. 그러나 결혼의 끈은 지나치게 느슨한 것보다는 오히려 지나칠 만큼 엄격한 것이 언제나 더 낫다. 로마 공화국 후반기에 무제한적인 이혼의 권리가 엄청난 무질서를 낳았다. 이 무질서를 예방하는 효과만 고려해도 이혼을 까다롭게 만드는 데 따른 불편을 감내하기에 충분하다. 남편과 아내가 똑같이 이혼의 권리를 가질 때, 두 사람은 서로 신뢰하기도 어렵고 서로 의지하기도 어렵겠지만 두 사람의 이해관계는 상당히 구분될 것이다.

이젠 결혼의 종류에 따라서 남편이 아내의 재산에 어떤 이해관계를 갖는지, 아니면 아내가 남편의 재산에 어떤 이해관계를 갖는지를 살펴볼 차례이다. 일부다처제가 이뤄지는 곳이라면, 아내는 완전히 노예의 신분이기 때문에 남편의 재산에 아무런 이해관계를 갖지 못하며 남편의 사후에 식량을 받을 자격만 갖는다. 남편만 이혼의 권리를 누릴 때, 아내의 재산은 남편의 것이 된다. 남편과 아내가 똑같이 이혼의 권리를 가질 때, 아내가 갖고 온 것은 모두 안전하게 지켜지며 남편은 그것을 관리할 권리밖에 갖지 못한다. 남편이 죽으면, 아내도 남편의 재산 중에서 계약으로 합의한 그 이상의 몫을 전혀 갖지 못한다. 이혼이 행정장관의 손에 좌우되는 그런 일부일처제인 경우, 남편의 권리는 앞의 예를 벗어나지 않지만 아내의 권리는 훨씬 더 커진다. 이런 종류의 일부일처제에서 아내가 다른 종류의 일부일처제에서보다 남편으로부터 훨씬 더 많은 독립을 누릴 수 있기 때문이다. 아내가 토지를 갖고 있다면, 남편은 임차료를 받고 또 그 임차료를 자기 마음대로 쓸 수 있다. 그 아내가 죽고 아들을 남겼다면, 남편은 아내 재산의 관리자가 되고 거기서 나오는 임차료를 평생 누릴 수 있다. 잉글랜드에서는 남편은 아내의 준(準)부동산을 평생 동안 처분할 수 있지만 평생에 걸쳐서 다 처리하지 못하고 남은 것은 상속인에게 가지 않고 아내에게로 돌아간다. 남편은 아내의 동산을 자기 마음대로 처분할 수 있다. 공채도 준부동산과 마찬가지이다. 남편은 공채를 처분할 경우에 그 돈을 자기 마음대로 쓸 수 있다. 그러나 남편이 생전에 공채에 대해 상환을 청구하지 않는다면, 남편 사후에 그것은 아내에게로 돌아간다. 만약에 아내가 먼저 죽었다면, 남편이 처분하지 않은 준부동산과 채권이 있을 경우에 그것들은 모두 아내의 친척에게로 돌아간다. 만약에 남편이 먼저 죽는다면, 아내는 자식이 있든 없든 상관없이 남편이 남긴 땅의 3분의 1을 평생 동안 갖게 된다. 이것은 그녀에게 돌아가는 과부산(寡婦産)인 셈이다. 잉글랜드에서 미망인은 전체 재산의 3분의 1을 갖지만, 스코틀랜드에서는 현금과 동산과 지대의 3분의 1만을 갖는다. 이자가 붙는 공채는 자식들에게 돌아간다. 스코틀랜드의 경우 남편은 아내의 동의를 받아 아내의 땅을 팔 수 있지만, 그렇게 하려면 아내가 먼저 법정에 나가서 그것이 자신의 동의로 이뤄졌다는 점을 밝혀야 한다. 스코틀랜드에서나 잉글랜드에서나 똑같이 아내가 한 보증은 의식주의 해결에 필요한 경우를 제외하고는 남편과 아무런 관계가 없다. 이 점에서 보면 아내는 하인으로 여겨지고 있다. 하인도 자신의 이름으로 양식을 사면 그에 대한 지급을 책임지게 되어 있기 때문이다. 스코틀랜드에서 남편은 아내가 남편의 이름으로 돈을 빌리는 계약을 하지 못하게 금지하는 내용의 문서를 작성할 수 있다. 잉글랜드에서는 남편이 아내의 그런 계약에 책임을 지지 않는다고 말로만 표현해도 충분히 효력을 발휘한다. 만약에 부부가 별거 중이라면, 남편은 아내가 양식을 구하는 데 쓰는 돈까지도 지불할 의무를 지지 않는다.

이젠 어떤 사람들이 결혼 관계를 맺을 수 있는지를 보도록 하자. 조상과 후손 사이의 결혼은 영원히 금지된다. 어머니가 아들과 결혼하는 것보다 자연에 더 충격적인 일은 없다. 어머니와 아들이 결혼하면, 어머니가 아들보다 열등한 존재가 되고 나이 차이 때문에 결혼의 목적이 쉽게 성취되지 않을 것이다. 따라서 미신이 횡행하는 곳이 아니라면 어머니와 아들의 결혼은 받아들여지지 않을 것이다.

마찬가지로, 아버지와 딸의 결혼도 근친상간이다. 그러나 아버지와 딸의 결혼은 어머니와 아들의 결혼만큼 자연에 반하지는 않는다는 것이 관찰될 것이다. 왜냐하면 아버지는 남편이 되어도 여전히 우위에 설 것이기 때문이다. 따라서 미개한 많은 국가에서 아버지와 딸의 결혼에 관대했다. 그럼에도 딸의 보호자이며 훈육자인 아버지가 딸의 연인이 되어 딸과 결혼한다는 것은 아무래도 부자연스럽다. 더욱이, 이런 경우에 어머니는 자신의 자리를 대신 차지한 딸을 절대로 부드러운 눈으로 보지 못하게 된다. 가정의 평화를 깨뜨리는 것으로 이런 관행보다 더 파괴적인 것은 없다. 똑같은 이유로, 삼촌과 조카 혹은 이모와 조카도 결혼을 하지 못한다. 로마와 카르타고에서는 삼촌과 조카의 결혼을 간혹 특별히 허가를 하기도 했지만 이모와 조카의 결혼은 절대로 허용하지 않았다.

오빠와 누이 같은 방계혈족 간의 결혼은 주로 정치적 관점에서 금지되었던 것 같다. 왜냐하면 이들이 함께 자라는 관계로 적절히 억제하지 않으면 서로를 타락시킬 위험이 있기 때문이다. 사촌들이 같은 집에서 함께 성장하던 시대에 사촌 간의 결혼을 금지한 것도 똑같은 이유 때문이었을 것이다. 아테네에서 남자는 배 다른 누이와는 결혼할 수 있었으나 씨 다른 누이와는 결혼을 하지 못했다. 많은 탁월한 인물들이 이런 식으로 결혼했다. 예를 들자면, 키몬(Cimon(507?-449 B.C.): 페르시아 전쟁에서 활약한 아테네 장군/옮긴이)은 자기 아버지의 딸인 엘피니케(Elpinice)와 결혼했다. 잉글랜드 법에 따르면, 죽은 증조부의 아내는 자기 남편의 종손과 결혼할 수 있다. 둘 사이에 4친등(親等)이 나기 때문이다.

기독교 법에서 인척은 혈족과 동일한 것으로 여겨진다. 아내의 여형제는 남편의 여형제로 여겨지고, 아내의 삼촌은 남편의 삼촌으로 여겨진다. 인척관계의 규칙은 자연의 규칙이기보다는 공공의 안전을 위한 규칙처럼 보일 것이다. 왜냐하면 남자가 자기 아내의 여형제와 결혼하는 것이 자연에 위배되지 않기 때문이다. 동인도 제도의 많은 국가에서 이런 종류의 결혼이 이뤄지고 있는데, 그곳 사람들의 생각에는 아내의 여형제가 아내가 낳은 아이들에게 계모(繼母)로서 가장 적합한 조건처럼 보이는 것이다. 그러나 아내의 여형제를 남편의 여형제로 여기는 원칙에 대해, 아내의 여형제와 남편의 가족 사이의 육체적 관계를 철저히 막을 수 있게 된다는 식으로 대답할 수도 있을 것이다.

교회법과 민법은 혈족관계와 인척관계를 달리 보았다. 민법은 형제자매를 1친등으로, 사촌을 2친등으로 본다. 교회법은 혈족 사이의 거리를 중요하게 여겼다. 형제들 사이는 2친등이다. 이는 아버지가 1친등이고, 형제들 각자가 1친등이기 때문이다. 마찬가지로, 친사촌은 4친등이다. 교회법은 남편과 아내 쪽 모두를 계산하고, 민법은 오직 한쪽만을 계산했다. 민법이 2친등 사이에 결혼이 금지된다고 말할 때, 교회법은 4친등 사이에 결혼이 금지된다고 말한다. 이때 이 법들이 말하는 대상은 친사촌을 의미한다. 교황은 종종 이 법들을 불필요하게 만들었으며, 그것으로 교황은 자신의 권위를 확장하고 또 이익을 챙겼다.

　지금까지 결혼의 다양한 종류를 논했다. 이젠 결혼 관계가 존재하지 않을 경우에 어떤 일이 벌어지는지를 보도록 하자. 결혼의 효과는 아이들을 합법화하는 데 있다. 그러므로 적출자(嫡出子)와 비적출자의 구분을 고려해야 한다. 적출자로 태어나면 아이가 혈통을 물려받게 된다. 그렇기 때문에 적출자는 자기 아버지와 아버지의 관계들을 승계할 수 있다. 혼인관계에서 태어나지 않은 아이는 혈통을 물려받지 못하며 따라서 아버지를 승계하지 못한다. 아버지가 누구인지 알려지지 않았기 때문이다. 또 그런 아이는 어머니도 승계하지 못한다. 이유는 합법적으로 태어나지 않은 아이는 어떠한 것도 승계하지 못하기 때문이다. 사생아가 아무도 승계하지 못하듯이, 사생아가 자식을 두지 않은 상태에서 죽는다면 누구도 그 사생아를 승계하지 못한다. 이는 사생아가 어떠한 인간 존재와도 관계가 없기 때문이다. 만약에 아이를 두지 않은 사생아가 유언을 남기지 않은 상태에서 죽는다면, 그의 아내는 그가 남긴 동산의 반을, 토지의 3분의 1을 가지며 나머지는 왕에게로 귀속된다. 그러나 사생아가 아이를 남기고 죽는다면, 아내는 모든 것의 3분의 1을 갖는다. 그래도 최종 상속자는 왕으로 여겨진다. 스코틀랜드에는 사생아를 더욱 불편하게 만드는 요소가 하나 더 있다. 왕이 사생아들의 상속자이기 때문에, 사생아는 유언을 남길 권리가 없다. 사생아가 유언을 할 경우에 왕의 권력을 침해하게 된다는 판단에서다. 그러나 왕에겐 사생아를 적출자로 바꿔놓을 수 있는 권리가 있다. 왕으로부터 직출자로 인정빋은 사생아는 유언을 할 수 있다. 그래도 승계의 권리가 왕에게 속하기 때문에, 왕은 그 유언을 마음대로 다룰 수 있다. 그러나 사생아를 적출자로 만드는 왕의 문서도 사생아에게 상속 가능한 혈통을 부여하지 못한다. 의회의 법만이 사생아에게 그런 권리를 부여할 수 있을 뿐이다.

교회법과 민법은 혼외 관계에서 태어난 사람에게 다음과 같은 방식으로 혈통을 부여할 수 있다.

첫째, 그런 아이를 둔 여자와 결혼하는 방법이 있다. 본처 이외의 처들이 많았기 때문에, 그런 내연의 처와 결혼하는 사람은 그 여자의 아이들을 적출자로 만들 수 있도록 했다. 유스티니아누스(Justinian) 1세(483-565)가 훗날 이것을 영구한 법으로 만들었다.

둘째, 교구의 최하급 성직을 맡을 경우에 합법적인 존재로 인정받을 수 있다. 그러나 이때도 그 사생아는 아버지를 승계하는 권리만 누릴 뿐 아버지의 관계들까지 승계하지는 못한다.

셋째, 양자를 통해 합법적인 존재가 될 수 있었다. 예를 들면, 로마인은 다른 사람의 아들을 양자로 택하고, 그 아들은 그 사람을 아버지로 받아들일 수 있다. 이런 경우에 두 사람은 자유민이라고 주장할 권리를 갖는다. 그들이 양자의 관계를 받아들이기로 하면, 사생아는 자유민으로 여겨졌고 또 자유민으로 불릴 수 있었다.

넷째, 왕으로부터 적출자임을 인정하는 문서를 받는 것으로 적출자가 될 수 있었다.

다섯째, 유언에 의해 적출자가 될 수 있었다. 이런 경우엔 사생아는 아마 아버지의 재산만 승계 받았을 것이다.

교회법은 잉글랜드 외의 모든 국가에서 중혼(重婚)을 도입했다. 잉글랜드 성직자는 당시(1235년경)에 백작과 남작들에 맞서 왕의 편에 섬으로써 인기를 잃었지만, 그것이 잉글랜드에서 중혼이 합법화되지 않는 결과를 낳았다. 중혼이 아이들을 적출자로 만들 수 있었지만, 교회법은 몇 가지 제약을 두었다. 로마에서는 행해지지 않았던 제약들이다. 불륜 관계에서 난 아이들, 말하자면 살아 있는 남편을 둔 여자가 낳은 아이나 살아 있는 아내를 둔 남자의 내연녀가 낳은 아이는 승계를 하지 못했다. 이 남자나 여자가 훗날 결혼을 하더라도 그랬다. 근친상간의 결과로 태어난 아이들도 교황으로부터 특별 면제를 받아 적출자가 되지 못하면 마찬가지로 승계를 하지 못했다.

지금까지 혼인 이외의 관계에서 태어난 아이들이 상실하는 여러 가지 자격을 보았다. 이런 것은 단지 일부일처제가 지배적인 곳에서 효력을 지닌다. 정말이지, 이런 것들만으로도 어떤 나라에서나 일부다처제가 뿌리를 내리지 못하게 막는 효과를 거둔다. 사생아에게 승계의 권리가 주어진다면, 남자들은 합법적인 결혼의 불편에 매이지 않으려 들 것이기 때문이다. 한 사람의 아내를 독점적으로 거느리면서 살다가 자기 마음대로 다른 아내들을 얻는 것이 남자들에게는 더 편할 테니 말이다.

2장
부모와 자식

이제는 어버이의 지위가 변화해온 역사를 고려할 것이다. 가족의 한 구성원으로서의 사람을 고려할 때 그 두 번째 관계인 부모와 자식의 관계를 살필 차례인 것이다. 아버지가 자유와 재산의 측면에서 자식들에게 갖는 권위는 처음에 절대적이었다. 아버지는 자식을 기를 것인지 말 것인지를 선택할 자유를 누렸다. 아이를 기르기를 거부해도 전혀 비행(非行)으로 여겨지지 않았다. 법은 타인에게 피해를 안기는 것을 금지하지만, 자비의 행위를 규정하는 법은 있을 수 없다. 법이 자비의 행위와 관련해 금지한 것은 타인을 죽음에 이르게 하는 것뿐이었다. 그러나 아버지는 원한다면 아이들을 유기(遺棄)할 수 있었을 것이다. 우리 시대에도 아들이 포로로 잡혔을 경우에 아버지가 아들의 몸값을 내고 구해 오는 것을 의무로 정하지 않고 있다. 아들이

포로로 잡힌 경우에 아버지는 자기 뜻에 따라 몸값을 지불하고 아들을 구하든지 말든지 할 수 있다. 이와 똑같이 고대에도 아버지는 아들을 굶주림이나 야생 동물 등으로부터 구할 것인지를 선택할 수 있었을 것이다. 로마에서 이와 관련해 일부 규정이 마련되었음에도 불구하고, 그 규정이 제대로 지켜졌던 적은 한 번도 없었다. 기독교가 확립될 때까지 앞에서 말한 관행은 사라지지 않았다. 지금 일부다처제가 시행되고 있는 중국에서 아버지들은 종종 아들을 유기하는데, 그런 경우에 대체로 물에 버린다. 아들을 키울 것인지 말 것인지를 결정하는 권한이 순전히 아버지에게 있었기 때문에, 아버지는 아들을 키울 경우에 아들에 대해 절대적 권한을 누렸다. 로마의 경우 아버지는 아들의 생사여탈권을 쥐었으며 아들을 팔아넘기기도 했다.

이외에, 아들이 취득한 것은 무엇이든 아버지의 소유였다. 만약에 아들이 결혼을 하면, 아들의 자식도 할아버지의 가족의 구성원으로 여겨졌다. 아버지가 아들에게 행사하는 이런 권력은 곧 약화되었다. 아들은 어머니의 친척과도 연결되었다. 일부 경우에 그 아들이 승계하게 되어 있던 삼촌도 자연히 자신의 후계자가 될 사람을 돌보게 될 것이다. 로마의 누마 폼필리우스(Numa Pompilius:B.C.753-B.C.673) 왕에 의해, 아들이 결혼한 몸이라면, 그 아들의 아버지는 아들을 팔 권리를 더 이상 누리지 못하게 되었다. 12표법(十二表法: 로마법의 기초를 이룬 고대 로마의 성문법/옮긴이)에 결혼한 아들을 팔 수 있는 아버지의 특권에 대한 언급이 있지만, 이에 해당하는 아들은 아마 아버지의 동의 없이 결혼한 아들일 것이다. 마찬가지로 아들에 대한 생사여탈권도 희미해져갔다. 아버지는 사형에 해당하는 중죄를 저지른 아들에 대해 자국의 법을 집행할 수 있을 뿐이었다. 아버지는 행정관으로부터 그 권력을 위임받아서 자기 아들을 직접 처벌했다. 그러나 아버지는 자국의 법으로 처형이 확정되었을 경우에는 자기 아들을 풀어주지 못한다. 이는 아버지의 권력이 절대적이지 않았음을 보여준다. 아버지의 이 권력은 차츰 약해졌다가 마침내는 완전히 사라졌다. 아버지는 다만 시민 행정관이 명령한 대로만 판결을 선언했을 뿐이다. 아버지가 그 과정에 어떤 형식으로든 잘못을 저지를 수 있기 때문에, 잘못이 저질러졌을 경우엔 그 선언 자체가 무효화되었다. 이 권리는 브리튼의 젠틀맨의 권리와 아주 비슷하다. 브리튼의 젠틀맨은 빚을 진 소작인의 재화를 아무런 법적 형식을 취하지 않고 몰수할 수 있는 권한을 갖는다. 그럼에도 불구하고, 젠틀맨은 일을 처리하는 방법을 잘 몰랐기 때문에 민사 법원에 대신 판단해 달라고 요구한다.

아들의 재산에 대한 아버지의 권력도 마찬가지로 곧 약해졌다. 아주 일찍부터 마르키아누스(Marcianus:A.D.396-457)에 의해서 아버지들은 아들에게 적절한 아내를 찾아주고 아들에게 적절한 몫을 챙겨줄 의무를 졌다. 아버지가 그렇게 하기를 거부하면, 정부가 나서서 대신 해결해 주었다. 이는 결혼 후의 재산은 아들의 것이 되었다는 점을 보여준다. 이 법이 만들어진 이유는 아내가 재산을 갖고 올 수도 있기에 남편이 자기 아버지와 별도로 재산을 갖는 것이 합리적이었기 때문이다. 따라서 부모가 권력을 행사할 수 있었던 것은 결혼하지 않은 자식들의 재산에 국한되었음에 틀림없다. 이는 그다지 불합리하지 않다. 로마에서는 아버지의 권위가 독단적이지 않았다. 자식들을 적절히 돌보지 않는다는 비난을 들은 남자들이 종종 있었기 때문이다. 만약에 로마의 남자들이 자기 아이들을 죽게 할 수 있었다면 그런 비난의 소리는 거의 들리지 않았을 것이다.

율리우스 카이사르와, 그 뒤 그의 양자인 아우구스투스는 자신들의 아버지와 상관없이 독립적으로 재산을 아들들에게 준 최초의 인물들이다. 처음에 그들은 전쟁에서 얻은 것을 '전시(戰時) 획득 재산'으로, 그 다음에는 기계적인 기술로 얻은 것을 자신의 것으로 모두 가졌다. 이 권리는 하드리아누스(Hadrianus) 황제에 의해, 또 다시 유스티니아누스 1세 황제에 의해 자기 아버지로부터 물려받지 않은 모든 것으로까지 확대되었다. 기증 받은 모든 것도 전적으로 본인 마음대로 처분할 수 있었다. 우리는 또한 아버지가 아들의 상속권을 빼앗는 권리도 제한되었다는 사실을 확인한다. 아들의 상속권을 빼앗을 권리가 아비지에게 주어졌던 예는 드물었다. 로마 제국이 몰락한 뒤, 아버지가 아들과 아내에게 행사했던 권력은 약해졌다. 아버지가 가족 안에서 아들과 함께 지내면서 아들에게 행사한 권리는 오늘날 아버지가 갖는 권리와 상당히 비슷해졌다. 말하자면 아들의 도덕성을 보살피는 것이 아버지의 권한이었던 것이다. 그러나 가족과 떨어져 있을 때에는 아버지도 아들에게 그렇게 많은 신경을 쓰지 않았다. 아버지는 자기 아들의 개인교사가 되고 또 다른 모든 개인교사들처럼 태만과 소홀에 대해 책임을 지지 않아도 되는 특권을 누린다. 이것은 아버지가 아들에게 갖는 자연스런 권위이다. 아버지는 자식들을 기를 의무를 지고, 자식들은 늙어지거나 허약해진 아버지를 돌볼 의무를 지게 된다.

3장
주인과 하인

이젠 가족이라 여길 수 있는 세 번째 관계인 주인과 하인에 관한 법의 역사를 돌아볼 것이다. 남편에게 아내를 지배할 권력을 주었던 바로 그 원칙이 아버지에게 아들을 지배할 권력을 주었다는 사실이 앞에서 확인되었다. 남편의 권력이 아내의 친구들, 말하자면 아내와 연결되어 있고 또 아내가 불평을 털어놓을 수 있는 사람들에 의해 약화되었듯이, 아버지의 권력도 똑같은 방식으로 약화되었다.

그러나 하인의 경우는 달랐다. 하인들에겐 불평을 털어놓을 수 있는 사람들이 전혀 없었다. 또 하인들은 어떠한 사람과도 연결을 맺지 못했다. 당연히 노예의 신분인 하인의 역할을 대신하겠다고 나서는 사람도 없었다. 따라서 우리는 주인이 하인의 생사에 대한 권리를 쥐었다는 것을 확인하게 된다. 이 권리는 남편과 아버지가 아내와 자식에게 행사한 생사여탈권, 즉 범죄를 저지른 경우에만 국한된 생사여탈권과는 크게 달랐다. 주인이 하인에게 행사하는 권력은 완전히 자의적이었다. 게다가 주인이 하인의 자유를 마음대로 처분했기 때문에, 한 사람의 노예로서 하인은 재산을 전혀 갖지 못한다. 하인이 가졌거나 취득하는 모든 것은 주인의 것이다. 그러나 법이 주인의 암묵적 동의를 발견하지 못한다면, 노예가 한 계약은 어떠한 것도 주인을 구속하지 못한다. 노예는 오직 자기 주인을 위해서만 취득할 수 있다. 만약에 내가 어떤 노예에게 10파운드를 약속했다면, 나는 그 돈을 그 주인에게 지급할 의무를 진다. 그러나 하인이 겪는 불리한 점은 이런 것들 외에 더 있다. 고대 그리스와 로마의 노예들만 아니라 우리 시대의 흑인도 감내하고 있는 것들이다.

첫째, 노예들은 결혼을 하지 못했다. 노예들도 여자와 동거할 수 있지만 결혼을 하지는 못한다. 주인의 마음만 변해도, 두 명의 노예는 더 이상 함께 있을 수 없기 때문이다. 만약에 여자 노예가 아이를 낳지 않으면, 주인은 그녀를 다른 사람에게 주거나 팔아넘길 것이다. 서인도제도의 노예들 사이에는 오랫동안 지속되는 결혼 같은 것은 절대로 없다. 여자 노예들은 모두 매춘부이며 또 그런 행위를 하면서도 체면 손상으로 힘들어하지 않는다.

둘째, 노예제도에는 이런 것들보다 훨씬 더 사악한 것이 수반된다. 다신교를 믿는 노예는 종교의 보호를 적절히 받지 못한다는 점이다. 노예가 신을 가질 수 없는 것은 자유와 재산을 갖지 못하는 것과 똑같은 이치이다. 다신교 종교는 아주 많은 지방신들로 이뤄져 있다. 모든 장소는 나름의 신을 갖고 있다. 노예들은 국가에 소속되지 않으며, 따라서 국가의 신은 노예들에게 전혀 신경을 쓰지 않는다. 더욱이, 이교도는 빈손으로 절대로 신에게 가까이 다가가지 않는다. 노예들에겐 신에게 바칠 것이 전혀 없으며, 따라서 신에게 어떠한 은혜도 기대할 수 없었다. 신들의 보호를 받을 수 있는 유일한 노예는 신전에 고용된 노예들이었다. 주인이 노예들을 대신해서 기도를 올렸지만, 그것은 주인이 자신의 가축을 위해 기도를 올리는 것이나 다를 바가 없었다. 모든 사람은 자신의 생명과 자유, 재산의 불확실성에 비례하여, 그리고 무지에 비례하여 미신을 믿게 된다. 도박꾼과 미개인들은 특히 더 그러하다.

그렇다면 이런 여러 가지 이유로 미신에 빠진 노예가 인간의 아픈 감정을 누그러뜨려 줄 종교를 결여하고 있다는 것은 엄청난 고난이 아닐 수 없다. 그러므로 만물을 지배하는 하나의 신을 발견한 종교는 자연히 노예들에게도 크게 환영을 받을 것이다. 따라서 우리는 다음과 같은 사실을 확인하게 된다. 유대인의 종교는 유대교 자체를 지키는 데는 대단히 적절할지 몰라도 다른 사람들을 개종시키는 데는 아주 부적절하다. 개종자들이 절대로 메시아가 나오게 되어 있는 아브라함의 혈통일 수 없고, 유대인과 결코 동등할 수 없고 단지 할례 등을 행할 의무를 지지 않는 개종자로만 남을 것이며, 많은 종류의 음식을 삼가야 할 것이기 때문이다. 이런 불편한 점들이 로마 시대의 노예들 사이에 종교가 퍼지지 못하게 만들었다. 그러나 이런 불편을 전혀 수반하지 않는 기독교가 소개되었을 때, 이 새로운 종교를 가장 빨리 받아들인 사람이 바로 노예들이었다.

지금 사람들은 노예제도가 상당히 근절되었다고 생각한다. 유럽 지역에 노예제도가 없기 때문에 그런 식으로 생각한다. 그러나 지금도 노예제도는 거의 보편적으로 존재하고 있다. 지구상에서 노예제도가 없는 곳은 서유럽의 일부 지역뿐이다. 노예제도가 없는 지역은 노예제도가 유지되고 있는 거대한 대륙들에 비하면 아무것도 아니다. 이젠 서유럽 일부 지역에서 노예제도가 없어지게 된 과정을 볼 것이다. 동시에 노예제도가 다른 지역에서 지금까지 계속되고 있고 또 앞으로도 계속될 이유를 분석할 것이다.

모든 사회에서 초기에 노예제도가 일어나고 있는 것이 관찰된다. 또 노예제도가 인간의 타고난 성향이라고 일컬어지기도 하는 폭군적인 성향에서 비롯된다는 사실도 관찰될 것이다. 어떤 정부의 형태든 확립되기만 하면, 노예제도를 계속 유지하는 것이 정책의 일부를 이룬다. 자유주의 정부에서 시민들은 노예제도의 폐지 같은, 자신들의 이익에 반하는 법을 절대로 만들지 않을 것이다. 군주제 국가가 노예제도를 폐지할 확률이 훨씬 더 높다. 왜냐하면 거기선 입법자가 단 한 사람이고, 또 법의 영향이 그 입법자에게까지 미치지 않을 것이고 따라서 그의 권력을 약화시키지도 않을 것이기 때문이다. 그럼에도 그런 법은 반드시 이 입법자의 봉신들의 권력을 약화시킬 것이다. 노예들은 자유주의 정부에서보다 전제적인 정부에서 훨씬 더 부드럽게 다뤄질 것이다. 자유주의 정부의 모든 법은 노예의 주인들에 의해 만들어지는데, 노예 주인들은 절대로 자신들에게 불리한 법을 통과시키려 하지 않을 것이다. 군주는 노예들을 위해 인간적인 무엇인가를 할 마음의 준비가 더 잘 되어 있을 것이다. 아우구스투스가 베디우스 폴리오(Vedius Pollio(?-B.C.15): 아우구스투스의 친구로 아시아 지역을 통치했으며, 사치와 노예를 가혹하게 다룬 것으로 악명이 높다/옮긴이)를 방문했을 때, 그곳의 노예 하나가 실수로 접시를 깨뜨린 뒤 아우구스투스 앞에 몸을 던지며 보호를 간청했다. 몸이 찢겨 연못으로 던져지는 벌을 받지 않도록 해달라고 애원한 것이다. 이 일로 큰 충격을 받은 아우구스투스는 폴리오의 노예들 모두를 즉각 해방시켰다. 당시에 폴리오는 틀림없이 손님의 행동을 달가워하지 않았을 것이다. 군주정치가 행해진 아드리아누스와 안토니우스의 통치 동안에 노예에게 이로운 법이 몇 가지 만들어졌으나 공화국이 이어지던 동안에는 그런 법이 한 건도 만들어지지 않았다. 그렇다면 노예제도는 군주의 통치 아래에서 점진적으로 약화되었다고 볼 수 있지만 완전히 폐지되지는 않았다. 이유는 한 국가의 재산 중에서 가장 큰 몫을 차지하는 재산을 한꺼번에 빼앗을 만큼 강력한 권력을 쥔 사람은 한 사람도 없었고, 또 그 같은 조치가 폭동을 야기할 수 있었기 때문이다.

부유한 나라에서 노예들은 언제나 형편없이 다뤄진다. 이유는 노예들의 수가 자유민의 숫자를 능가하고, 따라서 노예들이 질서를 지키게 하기 위해서는 아주 가혹한 규율이 필요하기 때문이다. 만약에 어떤 집에서 자유민이 죽음을 당한다면, 그곳의 노예 전부가 죽음에 처해졌다. 몇몇 저자들은 로마에서 밤만 되면 주인에게 벌을 받는 노예들의 울부짖음밖에 들리지 않았다는 이야기를 들려주고 있다. 오비디우스(Ovid)는 문을 지키던 노예들은 쇠사슬로 문에 묶였고, 농지에 비료를 주던 노예들은 달아나지 못하도록 서로 쇠사슬로 묶였다는 이야기를 전하고 있다. 이보다 더 잔인한 일도 벌어졌다. 늙어서 더 이상 일을 할 수 없게 된 노예는 도시 근처의 섬으로 쫓겨나 거기서 죽었다. 그 섬은 순전히 그런 목적으로만 이용되었다.

노예제도는 문명국가보다 미개한 국가에서 훨씬 더 너그럽다. 미개한 국가에는 사람들이 가난하기 때문에 노예들을 많이 두지 못한다. 따라서 노예들을 다스리는 규율도 노예들이 많은 곳만큼 엄격하지 않을 것이다. 더욱이, 미개한 국가에서는 주인도 노예와 마찬가지로 노동을 한다. 따라서 주인이나 노예나 별반 차이가 없다. 로마 시대 초기에 노예는 일도 주인과 함께 하고 밥도 주인과 함께 먹었다. 노예의 행실이 나쁠 때 가하는 유일한 처벌은 십자가를 짊어지고 도시나 마을을 돌게 하는 것이었다. 노예들의 숫자가 많고 노예가 경계의 대상이 되는 자메이카와 바베이도스에선, 사소한 비행(非行)에 대한 처벌도 매우 가혹하다. 그러나 북미에서는 노예들은 아주 부드럽게 인간적으로 다뤄지고 있다.

지금까지 사회의 문화적 수준이 높을수록 노예제도가 더욱 가혹해진다는 사실을 확인했다. 자유와 풍요는 노예들을 더욱 비참하게 만든다. 자유민들의 완벽한 자유가 노예들에게는 최악의 굴레이다. 노예의 숫자가 인구 중에서 큰 비중을 차지하기 때문에, 노예제도가 확립된 나라에서 인간적인 사람들 어느 누구도 노예들에게 자유를 주려 들지 않았을 것임에 틀림없다.

노예제도가 자유민에게조차도 나쁜 제도라는 점에 대해서는 굳이 증거를 제시할 필요조차 없다. 일당을 받고 일하는 자유민은 생계에 필요한 돈을 마련하기 위해 일을 노예보다 더 열심히 할 것이다. 고대 이탈리아의 예를 보면, 아주 비옥한 곳에서도 노예들이 경작한 사유지는 생산물의 6분의 1만 주인에게 내놓았다. 그런 반면 브리튼에서는 형편없는 땅의 지주까지도 수확의 3분의 1이나 받지만 소작인들은 옛날의 노예들보다 훨씬 더 잘 산다. 노예들은 땅을 적당히 경작하게 마련이다. 남는 것은 모두 주인에게 돌아가기 때문에, 노예들은 땅을 최대한 잘 경작하는 일 따위에는 관심이 없다. 자유민은 지대(地代) 이상으로 거둬들이는 것은 모두 자신이 갖는다. 따라서 열심히 일할 동기를 갖고 있다. 브리튼의 식민지들도 자유민에 의해 경작된다면 훨씬 더 나을 것이다. 브리튼의 경우를 보면, 노예제도가 약점이라는 것은 광부와 염전 노동자의 상태로 미뤄 충분히 짐작이 된다. 광부와 염전 노동자들은 노예들이 갖지 못한 특권을 누리고 있다. 가족을 부양하고 남는 재산은 그들의 것이다. 그들은 일에 매달려 지내야 할 뿐 팔리지는 않는다. 그들은 결혼도 하고 종교도 갖지만 자유를 누리지 못하고 있다. 그들을 자유롭게 하는 것이 틀림없이 주인에게도 이로울 것이다. 일용직 노동자의 평균 임금은 6펜스 내지 8펜스이고, 광부는 2실링 6펜스이다. 광부들이 자유로워진다면, 그들의 노동의 가격은 떨어질 것이다. 뉴캐슬에서 임금은 10펜스를 넘지 않는다. 그럼에도 광부들은 임금이 적어도 자유가 있는 곳을 찾아 하루에 2실링 6펜스 받는 광산을 떠난다.

이제 유럽에서 이뤄진 노예제도의 폐지에 대해 설명할 차례이다. 브리튼과 이웃 나라들의 노예들은 땅을 경작한 노예로서 '땅에 딸린 노예'(adscripti glebae)라 불렸으며, 땅과 함께 팔 수 있었다. 그들이 노동의 대가로 얻을 수 있는 것은 고작 목숨을 유지하는 것이었기 때문에, 땅이 형편없이 경작될 수밖에 없었다. 이런 단점을 해결하기 위해, 지주가 농지 경작에 필요한 모든 것을 빌려주는 소작제가 도입되었다. 소작인들은 가축을 전혀 갖고 있지 않았다. 그래서 지주가 그들에게 땅을 일굴 가축과 도구를 주었으며 소작인들은 임차 기간이 끝나면 땅과 가축, 도구를 그대로 지주에게 건넸다. 추수 때 작물은 지주와 소작인 사이에 똑같이 나눠졌다. 이것이 최초의 자유 소작인이었다. 이들은 해방된 농노였다.

이 관습이 오랫동안 이어진 끝에, 소작인들은 서로 힘을 모아 지주와 협상을 벌이게 되었다. 몇 년 동안 땅을 빌리는 대가로 지주에게 일정한 금액을 지급하고, 땅에서 나는 것은 소작인들이 갖는다는 내용이었다. 말하자면 소작인들이 농지 경작을 자신의 책임으로 한다는 것이었다. 이런 식의 계약은 틀림없이 지주에게도 유리하다. 땅이 해마다 최대한 잘 경작될 것이기 때문이다. 지주는 자신의 돈을 한푼도 들이지 않는다. 소작인들은 땅을 잘 경작하여 예전보다 더 많은 식량을 거둬들인다.

봉신법에 의해 봉건 영주는 자신의 봉신에 대해 질대직 권력을 행사했다. 평화시 봉건 영주는 정의의 집행자였으며, 전쟁이 벌어지면 봉신들은 봉건 영주를 따를 의무를 졌다. 정부가 조금 더 확고해졌을 때, 군주는 간혹 자신에게 위협이 되는 봉건 영주의 이런 권력을 약화시키려고 온갖 노력을 다 기울였는데 그 일환으로 사람들이 봉건 영주에게 정의의 집행을 요구하지 않도록 막았다. 고대의 농노들은 지주와의 합의에 따라 소작인이 되었고, 주인에게 의무를 졌으며, 또 자신을 전적으로 주인의 처분에 맡기는 신세였다. 그래서 농노들을 지주와의 합의에 따라 소작인이 되는 것을 제외한 다른 모든 부담으로부터 해방시키는 법이 만들어졌다. 그런 식으로 농노들의 특권이 확장되면서 농노들은 '등본 보유권자'(謄本保有權者)(copyholder: 토지 등록 대장의 등본에 의해 토지에 대한 권리를 인정받은 사람을 일컫는다/옮긴이)가 되었다.

노예제도의 폐지를 낳은 또 다른 원인은 성직자의 영향이었다. 그러나 기독교 정신은 결코 아니었다. 왜냐하면 농장주들이 모두 기독교 신자였기 때문이다. 귀족이 하층민에게 행사하던 권력을 약화시킨 요소는 어김없이 성직자들의 권력을 강화했다. 성직자는 대체로 귀족보다 평민에게 더 우호적이다. 그렇기 때문에 성직자들은 평민의 특권을 확장시킬 모든 조치를 취하려 들었을 것이다. 그런 조치를 통해서 성직자 자신들까지도 이득을 챙길 수 있었으니, 성직자로서는 평민을 생각하지 않을 이유가 없었다. 그래서 우리는 인노첸시오 3세가 모든 토지 소유자에게 노예를 해방시킬 것을 권했다는 사실을 확인하게 된다. 따라서 성직자의 영향이 국왕의 영향과 함께 결합해 작용하면서 유럽 서쪽에서 노예제도의 폐지를 촉진시켰다. 국왕도 없고 교회도 없는 나라에서는 여전히 노예제도가 유지되고 있는 것이 이 같은 해석을 뒷받침하고 있다. 보헤미아와 헝가리, 그리고 통치자가 선출되는 까닭에 강력한 권력을 제대로 행사하지 못하는 나라들에는 노예제도가 여전히 남아 있다. 왜냐하면 법원이 귀족의 노예를 해방시킬 만큼 강하지 못하기 때문이다.

이젠 노예를 획득하는 방법에 대해 살펴봐야 할 때이다. 가족 구성원으로서의 사람을 다루는 이 장에서 노예의 획득에 대해 논하는 방법으로는 브리튼 안에서 하인들이 처한 상황과 가족들의 특별한 상황을 돌아보는 것이 가장 좋을 것 같다.

노예는 다섯 가지 방법으로 획득될 것이다. 첫째, 전쟁 포로는 거의 모든 나라에서 노예가 된다. 정복자는 포로들의 목숨을 살려줄 경우에 그들을 노예로 만들 권리를 갖는다. 둘째, 포로들이 노예가 되고 그들을 해방시킬 사람이 아무도 없기 때문에, 그들의 자식도 또한 노예가 된다. 셋째, 특정한 죄를 지은 사람들은 노예가 된다. 가끔은 그 범죄로 인해 부상을 입은 사람의 노예가 되고 또 가끔은 공중(公衆)의 노예가 된다. 넷째, 고대 로마 공화국에서는 채무자들이 노예가 되었다. 채무자가 빚을 상환하지 못하면, 빚만큼 노동을 하는 것이 합리적인 것으로 여겨졌다. 이런 현상은 노예제도가 확립되어 있는 모든 국가에서 시금도 나타나고 있다. 다섯째, 가난한 시민이 자신을 다른 사람의 노예로 파는, 일종의 자발적인 노예가 있다. 어떤 사람이 일정한 돈을 위해 다른 사람에게 자신을 팔 때, 노예제도의 법에 따라 이 액수는 그 사람을 산 사람의 재산이 된다. 그러나 어떤 사람이 빚을 지고 있어서 노예가 될 수밖에 없게 될 때, 그 사람은 학대에 대한 두려움 때문에 자신의 채권자의 노예가 되기를 피하며 부채를 상환해 준다는 조건으로 다른 사람에게 자신을 팔려 할 것이다. 로마의 시민들은 종종 부채를 졌으며 이 때문에 자신의 채권자에게 완전히 의존하게 되었다. 그런 로마 시민들 중 다수는 자신의 표를 바라는 후보들로부터 받는 지원 외에는 어떠한 생계 수단도 갖지 못했다. 이 지원이 생계에 결코 충분할 수 없었기 때문에, 그들은 자신이 표를 던진 사람들로부터 종종 돈을 빌렸다. 그런 관계로, 그들은 채권자에게 빚을 다 상환하지 않을 경우에 다른 사람에게 표를 줄 수 없었다.

고대 로마 공화국의 중반에 앞에 소개한 마지막 두 가지 방법이 법으로 금지되었다. 채무자들이 노예가 되는 것은 일종의 파산법과 비슷한 법에 의해, 또 자신을 노예로 파는 것은 그런 행위를 금지하는 법에 의해 폐지되었다.

서인도 제도의 노예제도는 법을 어기며 생겨났다. 그곳이 스페인에 정복되었을 때, 스페인 통치자 이사벨라(Isabella:1451-1504)와 페르디난드(Ferdinand:1452-1516)는 인디언들이 예속 상태에 놓이지 않도록 하려고 많은 노력을 기울였다. 이사벨라와 페르디난드의 뜻은 그곳에 식민지를 건설하고, 인디언들과 교역하고, 인디언들을 교육시키는 것이었다. 그러나 콜럼버스(Christopher Columbus:1451-1506)와 코르테스(Hernan Cortez:1485-1547)는 법과 거리가 멀었으며, 이사벨라와 페르디난드의 명령을 따르지 않고 서인도 제도의 인디언들을 노예로 만들어 버렸다.

이젠 하인들의 신분을 보도록 하자. 브리튼의 흑인은 자유민이다. 흑인 하인을 도난당하게 되면, 당신은 그 가격에 대해서는 어떠한 조치도 취하지 못하며 단지 하인의 상실에 따른 피해에 대해서만 조치를 취할 수 있다. 마찬가지로, 흑인이 살해당할 경우에 살인을 저지른 사람은 살인죄를 지게 된다. 그러나 브리튼에서 흑인 하인을 두는 것이 자유민의 특권일지라도, 사람들은 그에게 아메리카로 돌아가라고 요구할 수 있다. 흑인 하인이 자유를 누리는 것은 기독교 정신 때문이 아니고 브리튼의 법 때문이다. 브리튼에는 노예제도가 없다.

브리튼 국민들 중에서 남에게 가장 많이 의존하는 사람들은 기간을 정해 놓고 노동을 제공하는 하인들이다. 그들은 자유와 임금 등에서 자신의 주인과 거의 똑같은 특권을 누린다. 주인은 자신의 하인을 적당히 교정할 권리를 갖는다. 만약에 하인이 주인으로부터 교정을 받는 중에 죽는다면, 그 행위는 공격용 무기가 동원되지 않거나 살해 의도가 없는 한 살인이 아니다. 주인의 암묵적이거나 명백한 동의가 있을 때에는 하인도 주인을 위해 재산을 취득할 수 있다. 만약에 하인이 주인의 이름으로 재화를 팔거나 산다면, 주인은 대금이 지불되지 않거나 물건이 양도되지 않을 경우에 조치를 취할 수 있다. 주인과 하인 사이에 특별한 연결이 있기 때문에, 주인과 하인은 다른 사람이었다면 죄가 될 많은 상황에서 혐의를 벗을 수 있다. 만약에 주인이나 하인이 상대방을 지키기 위해 다른 사람을 죽인다면, 그것은 정당화될 수 있는 살인이다. 만약에 주인이 정해진 기간 이전에 세상을 떠난다면, 유언 집행자는 하인의 임금을 전부 지급하고 그를 옆에 둘 의무를 진다.

도제(徒弟)는 다음과 같은 큰 차이만 있을 뿐 하인과 많은 점에서 닮았다. 장인은 도제에게 사례금을 받고 일을 가르칠 의무를 진다. 장인이 이 의무를 거부한다면, 그는 시간적 손실을 이유로 고소를 당할 수 있다.

4장
후견인과 피후견인

이젠 가족들의 특별한 사정을 고려할 때이다. 아버지가 어린 자식들을 남겨놓고 죽으면, 그 아이들을 보호할 필요가 있다. 영아 유기(遺棄)가 행해지던 시대에도 아이를 죽게 하는 것은 잔인한 행위로 여겨졌다. 아버지를 잃은 아이는 대단히 절망적인 처지였다. 당시에는 수용 시설도 없고, 자선 기관도 전혀 없었다. 그래서 그런 아이는 누군가의 보호를 받아야 했다. 아버지 쪽으로 가장 가까운 친척이 법으로 정한 보호자였다.

초기에는 아이를 부양하는 것이 아이를 돌보는 일의 전부였다. 그 시대에는 관리할 사유지도 없었고 어머니는 자기 아버지의 가족으로 돌아갔기 때문이다. 후견은 아이가 열세 살이나 열네 살이 될 때 끝났다. 그만한 나이가 되면 아이도 세상을 홀로 살아갈 수 있다. 그러나 사유지를 소유하게 될 경우에는 그 만한 나이가 되어도 그것을 제대로 관리하지 못했다. 그런 경우엔 열네 살 이후에도 후견이 필요했다. 집정관의 법에 의해, 그 나이의 아이는 후견인이나 대리인을 선택하는 것이 허용되었다. 대리인은 아이의 동의 없이는 아무것도 하지 못하고, 후견인은 피후견인의 동의 없이도 행위를 할 수 있지만 후견인이 미성년인 동안에 한 행위에 대해 후견인에게 책임을 져야 한다.

처음에는 광인과 백치들이 후견인을 두는 유일한 사람들이었다. 후견인을 두는 것이 불명예스러운 일이었기 때문에, 사람들은 대체로 이 제도를 기피했다. 훗날엔 피후견인이 스물한 살이 되기 전에 대리인의 동의를 받지 않고 한 모든 행위를 무효로 하는 법이 마련되었다. 아버지 쪽으로 가장 가까운 친척이 그 다음 순서의 상속인이 되는 경우가 종종 있기 때문에, 아이의 권리를 그 친척에게 맡기는 것이 부적절한 것으로 여겨졌다. 그래서 잉글랜드의 법은 어떤 사유지가 아버지가 살아 있을 때에 아들에게 넘겨졌을 경우에는 그 아들은 후견인을 두지 않아도 된다고 정했다. 스코틀랜드 법에는 사유지를 돌보는 일은 그 다음 상속인에게 맡겨진다. 이유는 그 다음 상속인이 그것을 가장 잘 돌볼 것으로 여겨지기 때문이다. 그리고 상속인의 부양은 그보다 더 먼 친척에게 맡겨진다. 이 사람이 상속인의 죽음으로 인해 이득을 볼 것이 없기 때문에 그 상속인을 가장 잘 돌볼 것으로 여겨지기 때문이다.

5장
가정 범죄와 그에 대한 처벌

가족 안에서 일어날 수 있는 몇 가지 범죄와 그에 대한 특별한 처벌을 보도록 하자. 아내의 부정(不貞)은 대단히 치욕적인 처벌을 받는다. 남편의 경우에는 부정을 저질러도 절대로 죽음으로 처벌을 받지 않는다. 엄청난 질투가 작용하지 않는다면, 여자의 경우에도 죽음으로 처벌을 받지 않는다.

브리튼에서 간통을 했다는 이유로 여자를 교수대로 보낸다는 생각은 아주 터무니없이 들렸을 것이다. 강제 결혼과 강간은 일반적으로 사형으로 처벌받는다. 중혼도 전처의 명예를 더럽히기 때문에 극형으로 처벌받는다.

가족 구성원들 사이에는 아주 밀접한 관계가 있기 때문에, 만약에 아내가 남편을 죽인다면 그 범죄는 일종의 반역죄로 여겨졌다. 잉글랜드 법에 의한 처벌은 그녀를 교살시켜 불에 태우는 것이다. 하녀가 주인을 죽이거나 주인을 죽이려 계획할 때에도 똑같은 처벌이 내려진다. 지금까지 가족 구성원으로서의 사람에 대한 모든 것을 알아보았다.

제3부

사법(私法)에 대하여

1장
소유권을 취득하는 첫 번째 방법: 점유

앞에서 권리의 본질에 대해 설명하면서 그 권리를 자연권과 기득권으로 나눴다. 자연권에 대한 설명은 전혀 필요하지 않다. 기득권은 물권과 대인권으로 나뉜다. 물권에는 소유권과 남의 토지를 이용할 권리인 지역권(地役權), 저당, 독점권이 있다. 여기서는 먼저 소유권을 다룰 것이다.

소유권은 다섯 가지 방법으로 취득된다. 첫 번째 방법으로 점유, 즉 이전까지 누구의 소유도 아니었던 것을 소유하는 방법이 있다. 둘째, 부합(附合)이라는 방법이 있다. 말의 편자가 늘 말과 함께 하듯이, 어떤 사물을 소유하게 된 결과 그것 아닌 다른 사물의 소유권까지 갖게 되는 경우를 말한다. 셋째, 시효(時效)가 있다. 이것은 다른 사람의 소유물을 오랫동안 지속적으로 소유함으로써 생기는 권리이다. 넷째, 조상이나 다른 사람의 것을 유언이나 유언 없이 물려받는 상속이 있다. 다섯 번째 방법으로 자발적인 이전이 있다. 어떤 사람이 다른 사람에게 자신의 권리를 넘길 때 일어난다.

점유부터 보도록 하자. 점유에 관한 법은 인간 사회의 시기에 따라 달라진다. 사회의 네 단계는 수렵, 유목, 농경, 상업이다. 만약에 여러 사람이 난파를 당해 고도(孤島)에 갇히게 된다면, 그들이 가장 먼저 구할 양식은 그 땅에서 자연적으로 나는 과일과 그들이 잡을 수 있는 야생 동물일 것이다. 이 과일과 야생 동물이 언제나 충분할 수는 없기 때문에, 고도에 갇힌 사람들은 마침내 야생 동물 일부를 길들이기 시작할 것이다. 그럴 경우에 그들은 양식을 언제든 구할 수 있었을 것이다. 그러나 세월이 흐르면서, 이것만으로도 양식으로 충분하지 않았을 것이다. 사람들은 땅이 상당한 양의 채소를 길러낸다는 사실을 눈으로 보았다. 그러면서 직접 땅을 경작하면, 더 많은 채소를 얻을 수 있겠다고 생각했을 것이다. 이리하여 상당한 기술이 요구되는 농경이 한 국가의 지배적인 일이 되었다. 이 같은 순서에 예외로 꼽히는 지역이 딱 한 곳 있다. 북미의 원주민들 일부는 땅을 경작하지만 야생 동물을 기른다는 개념은 없다. 이젠 사람들이 노동의 일부만을 맡게 되었기 때문에, 자신이 생산한 물건 중 남는 것과 다른 사람이 생산한 것 중 남는 것을 교환하는 일이 자연스레 일어났을 것이다. 이 네 가지 단계에 따라서 점유도 많이 달랐을 것임에 틀림없다. 방관자가 어떤 대상에 대한 소유권이 나에게 있다는 점을 인정하고 또 내가 그 소유물을 힘으로 지키는 것을 인정받을 때, 점유는 꽤 근거 있는 것처럼 보인다. 내가 야생 과일을 몇 개 모았다면, 방관자의 눈에는 내가 그것을 마음대로 처분하는 것이 합리적인 행위로 보일 것이다.

사냥꾼들 사이에 점유에 대한 인식이 일어났다. 어떤 것이 점유에 해당하는지, 점유가 시작된 시기는 언제인지, 점유가 야생 동물을 발견한 시점에 시작되는지 아니면 실제로 손에 넣게 된 시점에 시작되는지에 대한 궁금증이 일어났던 것이다. 법률가들은 이 주제에 대해 다양한 의견을 제시했다. 어떤 법률가들은 야생 동물에게 먼저 상처를 입힌 사람에게 점유권 일부를 준다. 그 사람이 사냥을 중도에 포기했더라도 점유권을 일부 인정해야 한다는 의견이다. 또 다른 법률가들은 그런 경우에 점유권을 인정하지 않는다. 모든 법률가들은 다른 사람이 먼저 쫓기 시작한 동물의 사냥에 불쑥 끼어드는 것은 소유권을 침해하는 것이라는 데에 의견의 일치를 보인다. 그러나 이런 경우에도 사냥에 새로 끼어든 사람이 동물에 상처를 입혔다면 그에게도 일정한 몫을 줘야 한다는 것이 지배적인 의견이다. 그가 그 동물의 사냥을 수월하게 만들었기 때문이다. 미개인들 사이에 재산은 소유에서 시작하고 소유에서 끝난다. 미개인들은 자신의 몸에 지닌 것이 아니면 무엇이든 자신의 것이란 생각을 갖지 않는 것 같다.

양치기들 사이에서 재산의 개념이 더욱 확장되고 있다. 갖고 다니는 것뿐만 아니라 자신의 오두막 안에 보관하고 있는 것까지도 자신의 소유로 여겨진 것이다. 양치기들은 자신의 가축을 자신의 것으로 본다. 이 가축들은 양치기에게로 돌아오는 습관을 갖고 있는 한 그 양치기의 소유로 여겨진다. 그러다가 대다수의 동물들이 점유되었을 때, 그때는 동물들이 집으로 돌아오는 습관을 잊었을 때조차도 사람들은 그 동물을 자신의 것으로 여긴다. 따라서 사람들은 길을 잃고 집을 찾아오지 못하는 동물에 대해서도 자신의 것이라고 주장한다.

그러나 소유권은 농경을 통해서 가장 크게 확장되었다. 땅을 경작할 필요성이 처음 대두되었을 때, 어느 누구도 땅에 대해 소유권을 갖지 않았다. 오두막 가까운 곳에 개간된 작은 땅은 마을 전체가 공동으로 관리했을 것이다. 거기서 생산되는 과일은 개인들 사이에 균등하게 나눠졌을 것이다. 이 시대에도 스코틀랜드엔 공동 토지 재산의 잔재가 남아 있다. 몇 사람이 똑같이 소유한 땅이 곳곳에 있다. 추수가 끝나면 거기에 가축을 풀어놓고 마음대로 풀을 뜯도록 한다. 땅에 대한 사적 소유권은 사람들 사이에 합의를 통해서 땅의 분배가 이뤄지기 전에는 절대로 시작하지 않는다.

땅의 분배가 이뤄지는 시점은 일반적으로 도시가 건설되기 시작하는 때이다. 이때는 모든 사람이 각자 사는 집을 자신의 소유로 하기로 합의했을 것이다. 동산은 사회의 초기부터 점유될 수 있었지만 땅은 실질적 분배 없이는 점유될 수 없다. 아라비아 사람이나 타타르 사람은 사막의 모래 한 알도 자신의 것이라는 생각을 품지 않은 상태에서 가축을 몰고 넓은 땅을 돌아다닐 것이다. 그러나 많은 국가들의 법은 개인이 절대로 점유하지 못하는 것들을 정하고 있다. 브리튼의 법에 따르면, 보물과 버려진 물건은 왕의 것이다. 마찬가지로 바다와 강도 개인에게 점유될 수 없다. 특별히 허가를 받지 않으면, 사람들은 자신의 땅을 가로질러 흐르는 강에서도 큰 물고기를 잡지 못한다. 몇 개의 국가로 둘러싸인 바다는 어느 한 국가에 의해 점유될 수 없으며, 그 국가들 모두가 관할권의 일부를 가져야 한다. 모든 국가는 자국의 만(灣)에서 다른 나라가 어로 행위를 하지 못하도록 막거나 타국 군함이 자국 해안에 접근하지 못하도록 막을 수 있다.

2장
소유권을 취득하는 두 번째 방법: 부합(附合)

부합의 권리는 그 권리의 효용성보다는 어떤 대상에 그 권리를 결합시키지 않는 것이 부적절하다는 사실에 바탕을 두고 있다. 내가 구입한 젖소의 젖은 대단히 중요하지 않을 수 있지만, 다른 사람이 그 젖을 갖고 자신의 송아지를 키울 권리를 갖는 것은 대단히 부적절하다. 가장 중요한 부합은 토지 소유권에 있다. 토지 소유권은 사회가 특정한 사람에게 어떤 토지에 씨앗을 뿌리고 식물을 심을 권리를 양도하거나 토지를 분배한 사실에 바탕을 두고 있다. 이 권리로 말미암아, 그 사람은 그 토지에서 나오는 모든 것들, 예를 들면 나무와 과일, 광물을 소유할 권리를 갖는다. 강의 범람으로 인해 새로 생긴 땅은 자연히 인접한 땅의 소유자의 것이 된다. 그러나 북해 연안의 저지대에서 자주 일어나듯이 퇴적해 새로 생긴 땅이 대단히 클 때에는 정부가 그 땅을 가지며 인근 땅의 소유자는 그 땅을 구입해야만 소유할 수 있다.

부합을 둘러싼 중요한 논쟁은 다음과 같은 질문으로 요약된다. 언제 주된 재산이 나의 것이 되며, 주된 재산에 부합이 결합되거나 주된 재산과 부합이 뒤섞이면, 그 전체는 누구의 것이 되는가? 어떤 사람도 다른 사람의 상실을 통해서 획득자가 될 수 없다는 것이 법의 원칙이다. 만약에 어떤 사람이 실수로 나의 땅 위에 집을 짓는다면, 그 재료는 그 사람의 것일지라도, 내가 그 집을 갖거나 나의 손해에 대해 보상을 받는 것이 합리적이다. 솜씨가 재료보다 더 중요한 경우처럼 일부 예들을 보면 재료가 형식보다 열등하지만, 대체로 보면 부합이 주된 재산을 따른다. 그러나 법률가들은 자신들의 확고한 일반 원칙을 직접적으로 부정할 뜻이 없었으며, 따라서 부합이 새로운 종(種)이 될 때, 말하자면 부합이 새로운 형식과 새로운 이름을 얻을 때 부합의 소유자에게 주된 재산을 줌으로써 그 원칙을 피했다. 그러나 여기엔 예외가 많았다. 그림과 그 그림이 그려진 판자는 라틴어로 같은 종(種)이었다. 그림과 판자는 각각 하나의 서판(書板)이었고, 따라서 그 그림은 여전히 별로 가치가 없는 판자의 소유자의 것이었다. 부합에 관한 가장 일반적인 원칙은 바로 이것이다. 어떤 사물이 그 가치를 훼손하지 않는 가운데 혹은 부합의 소유자에게 큰 손실을 입히지 않는 가운데 원래의 형태로 환원될 수 있을 때, 주된 재산의 소유자가 부합에 대해 권리를 주장할 수 있다. 그러나 그런 식의 환원이 가능하지 않을 때, 법은 정당하게 부합의 소유자의 손을 들어주고, 그 사람이 주된 재산의 소유자에게 그 소유권만을 만족시켜줄 것을 요구하고 있다.

3장
소유권을 취득하는 세 번째 방법: 시효

시효는 누군가가 무엇인가를 오랫동안 점유했을 경우에 그것을 그 점유자의 소유로 하고, 그것을 오랫동안 점유하지 않은 옛날의 소유자는 그 소유권을 잃게 되는 것을 말한다. 시효에 의한 권리의 발생에는 4가지 조건이 필요하다. 첫째, 선의(善意)이다. 왜냐하면 어떤 사람이 어떤 물건에 대해 권리를 주장하는 것이 잘못이라는 사실을 알고 있을 경우에는 그 사람에게서 그런 권리를 박탈하는 것이 전혀 침해가 아니기 때문이다. 또 편견이 없는 방관자도 그런 사람에게서 점유권을 박탈하는 것에 쉽게 동의할 것이다. 둘째, 정당한 근거가 있어야 한다. 그렇다고 모든 면에서 정당한 그런 근거가 있어야 한다는 뜻은 아니다. 여기서 말하는 '정당한 근거'는 그 사람이 어떤 사물을 자신의 것으로 생각하는 것이 합당하다고 생각하는 일부 근거를 의미한다. 예를 들면 특허 같은 것이 있다. 만약에 그 사람이 어떠한 근거도 없이 권리를 주장한다면, 편견이 없는 방관자 어느 누구도 그의 주장에 동의하지 않을 것이다. 셋째, 시효에는 지속적인 점유가 필요하다. 왜냐하면 그 재산이 종종 권리 주장의 대상이 되었다면, 옛 소유자가 자신의 권리를 포기하지 않은 것이 확실하기 때문이다. 넷째, 시효는 재산에 대한 권리를 주장할 사람이 있었던 때를 기준으로 산정된다. 따라서 소유자가 미성년자이거나 광인이거나 유배당한 사람인 경우에는 그 물건을 오랫동안 지속적으로 점유했을지라도 전혀 아무런 권리가 발생하지 않는다.

정당한 근거는 선의를 뒷받침하는 증거이고, 선의는 정당한 근거에 필요한 조건이다. 로마법에 의하면, 선의는 최초의 점유에만 필요했으며 그 뒤에 정당한 근거에 어떤 결함이 발견되었더라도 시효는 일어났다. 자연은 시효의 기간을 못 박지 않았다. 따라서 시효는 그 나라의 재산의 안정성에 따라 달라진다. 로마에서는 한때 동산이나 부동산의 시효 취득이 2년 만에 가능했으나 그 뒤로는 더 긴 기간이 요구되었다. 브리튼에서는 주변 땅에 대한 권리를 지속적으로 주장했던 봉건 영주들은 이런 성격의 법을 좀처럼 인정하지 않았다. 봉건 영주들은 노아(성경에 셈족의 아버지로, 또 포도밭 경작의 창시자로 나오는 인물/옮긴이)의 시대만큼이나 오래된 것에 대한 권리까지도 되살려낼 태세를 취했다. 그러다 마침내 시효 취득에 필요한 기간을 정하게 되었을 때, 봉건 영주들은 최대한 길게, 이를테면 40년으로 잡았다. 로마인들 사이에는 어떤 사람이 무엇인가를 점유하고 있다가 외적의 침입으로 점유가 잠시 단절되더라도 그 시효는 다시 시작하는 것으로 통했다. 잉글랜드 법에 따르면, 옛날 소유자의 주장 외에 다른 어떤 것도 시효 취득을 방해하지 못한다. 국왕들은 자신의 재산이 시효 취득의 대상이 되는 것을 좀처럼 허용하지 않는다. 적어도 국왕들은 시효 취득에 필요한 점유 기간에 대해 언급하지 않는다.

4장
소유권을 취득하는 네 번째 방법: 상속

상속은 법적으로 이뤄지거나 유언에 의해 이뤄진다. 일부 법률가들에 따르면, 법적 상속은 법이 죽은 사람의 재화를 죽은 사람 본인이 선택했을 법한 사람들에게 분배하는 것을 의미한다. 그러나 이는 죽은 사람의 유언에 따른 재화의 분배가 법적 상속보다 우선한다는 것을 전제로 하고 있다. 그런데 이는 실제 경험과 모순된다.

미개한 시대에 사람은 살아 있는 동안에 자신의 재화에 대한 소유권을 배타적으로 갖기 힘들었다. 따라서 그 사람이 사후에 그 재화를 처분할 권리를 갖는다는 전제가 가능하지 않았다. 모든 국가들에서 죽은 사람의 친척들은 유언 같은 것이 있기 오래 전에 이미 재화를 상속받았다. 로마의 12표법과 솔론 시대의 아테네 법들이 유언에 의한 상속을 처음 도입했던 것 같다. 그러나 이것이 도입되기 오래 전부터 로마와 아테네에 법적 상속이 있었다.

죽은 사람의 혈통을 물려받은 사람의 주장이 언제나 우선시되지만, 그렇다고 이 같은 주장이 죽은 자가 했을 법한 유언에 바탕을 두고 있는 것은 절대로 아니다. 초기의 상속을 고려한다면, 상속은 사람들의 연결보다는 재화의 연결에 바탕을 두었다는 것이 확인될 것이다. 아버지와 아들들이 함께 살았고 또 그들이 소유한 재산은 어디까지나 공동으로 획득한 것이기 때문에, 아버지가 죽으면 자식들은 재화에 대해 공동의 권리를 가졌다. 이때 자식들이 재화에 대한 권리를 갖는 것은 아버지와의 관계보다는 그들이 재화의 획득에 쏟은 노동을 근거로 하고 있다. 따라서 자식들과 아내가 그 재화를 계속 소유했을 것이다. 로마인들 사이에 아내는 남편에게 딸과 비슷한 존재로 여겨졌으며, 따라서 죽은 사람의 아내도 자신의 몫을 가졌다. 만약에 자식들 중에서 가족과 떨어져 별도로 자유롭게 살던 자식이 있었다면, 그 자식은 상속에서 몫을 전혀 챙기지 못했을 것이다. 왜냐하면 그런 자식은 재화를 획득하는 일에 나머지 자식들과 협력하지 않았기 때문이다. 가족들이 이처럼 함께 어울려 살았을 때, 사촌간의 결혼을 금지하는 것이 필요했다는 사실이 관찰될 것이다.

죽은 사람의 아들들과 손자들이 같은 집에서 살 때, 모두가 똑같이 상속을 받으면 그것은 '균등 재산 상속'이라 불렸다. 그러나 손자가 자기 아버지의 몫만 받는다면, 그것은 '직계 후손 상속'이라 불렸다. 어떤 남자가 아들을 셋 두었는데 이 아들들이 모두 죽었다고 가정해 보자. 그런데 장남은 아들을 하나 남기고, 둘째는 아들을 둘 남기고,

셋째는 아들을 셋 남겼다. 이런 경우에 할아버지가 죽을 때 '균등 재산 상속' 원칙을 따르면 손자들은 저마다 할아버지가 남긴 재산 중 6분의 1을 갖는다. 그러나 '직계 후손 상속' 원칙을 따르면, 장남의 아들 혼자서 3분의 1을 갖고, 둘째 아들의 두 아들은 3분의 1을 서로 나눠 갖고, 셋째 아들의 세 아들도 3분의 1을 서로 나눠 갖는다. 말하자면 손자들은 자기 아버지의 대리자인 것이다. 대리권은 '균등 재산 상속'과 똑같다. 로마인들 사이에 도입된 대리권은 강자에게 이롭고 약자에게 불리했지만, 브리튼의 대리권은 그 반대이다.

로마인들 사이에서는 어머니가 죽으면 아들이 어머니를 상속하지 못했다. 왜냐하면 아내가 남편의 딸로 여겨진 까닭에 그녀가 가진 모든 것은 곧 남편의 것이기 때문이다. 남편이 먼저 죽으면, 아내는 자식들과 함께 남편의 재화를 나눠 가진 다음에 자기 아버지의 집으로 돌아가서 거기서 아버지의 재산에 대한 상속권을 다시 가졌다. 그러나 사회가 보다 세련되었던 황제들의 치하에서 어머니도 아들을 상속하고 아들도 어머니를 상속했다. 그 전까지는 아들이 죽으면 아무도 그 아들을 상속하지 않았다. 왜냐하면 아들과 아들이 가진 모든 것은 자기 아버지의 것이었기 때문이다. 아들도 전쟁에서 획득한 것이나 기술을 통해 습득한 것을 가질 수 있게 하는 법을 처음 제정한 인물은 카이사르였다.

세 부류의 사람들, 즉 조상과 후손, 방계 친족이 상속할 수 있다. 상위 항렬에 속하는 사람도 하위 항렬에 속하는 사람의 것을 상속하고,

하위 항렬에 속하는 사람도 상위 항렬에 속하는 사람의 것을 상속하고, 같은 항렬의 사람들도 서로 상속할 수 있는 것이다. 방계 상속은 처음에는 가장 가까운 혈통에만 국한되었다. 가장 가까운 혈통의 사람이 상속받기를 거부하면, 그 재화는 공공의 소유가 되었다. 그러다가 훗날 행정장관이 방계 상속을 다시 조금 더 확대했다. 한 형제가 죽고 다른 형제가 그 형제의 재산을 상속받을 때, 그것은 그 형제들이 아버지를 통해 서로 연결된 결과이다. 따라서 조상의 상속이 방계의 상속보다 앞섰음에 틀림없다. 그러나 후손들의 권리는 조상들의 권리나 방계의 권리보다 더 강하다. 왜냐하면 아버지의 재화에 대한 아들의 주장이 아들의 재화에 대한 아버지의 주장보다 훨씬 더 강하기 때문이다. 그렇다면 동산에 대한 상속의 원칙은 고대의 가족 안에서 이뤄진 재화의 공유에 근거한다고 볼 수 있다.

스코틀랜드의 가족 상황은 고대 로마의 가족 상황과 많이 다르다. 그래서 자연히 스코틀랜드 법과 로마의 법 사이에도 상당한 차이가 있다. 스코틀랜드인들 사이에는 아내가 딸보다 훨씬 더 비중 있는 존재로 여겨진다. 따라서 아내가 딸보다 더 많은 것을 상속받는다. 남편이 죽으면, 재화는 3등분으로 나눠진다. 그 중 하나는 죽은 남편의 것으로, 다른 하나는 아내의 것으로, 또 다른 하나는 자식들의 것으로 여겨진다. 그러나 거기엔 다음과 같은 차이가 있다. 남편은 유언으로 자신의 몫을 처분할 수 있지만, 아내는 그렇게 하지 못한다. 스코틀랜드에서 자기 가족을 떠나 사는 아들은 고대 로마 시대에 가족에서 해방되어 자유로이 살던 아들의 처지와 같지 않다. 가족을 떠나 사는 아들도 형제와 함께 상속을 받을 수 있다. 다만 그 아들이 별도로 모은 재산이 있을 경우에 아버지가 죽은 뒤에 그것을 공동의 몫으로 내놓아야 했다. 손자들은 고대 로마 때와 달리 죽은 아버지를 대신해 상속받지 않는다. 그러나 잉글랜드 법은 대리의 권리를 인정하며, 남자인 경우에 방계보다 소상을 우선시한다.

이젠 봉건법에 의해 도입된 '상속권의 불가분성(不可分性)'을 다룰 차례이다. 로마 제국을 정복한 민족들이 서부 유럽에 정착했을 때, 당연히 재산의 불평등이 따랐다. 위대한 사람은 다른 사람들을 돌보는 일 외에는 자신의 재산을 지출할 길이 전혀 없었다. 그러다보니 그들은 자연히 자신의 봉신들에게 막대한 영향력을 행사할 수 있었다. 그들은 자신을 의지하며 사는 사람들의 생계를 위한 수단으로 자신의 땅을 주었다. 그래서 색슨족의 단어 'farm'은 식량을 의미하기도 한다.

스코틀랜드 하일랜드 지방의 족장들은 그런 영향력을 바탕으로 자신의 영역 안에서 유일하게 정의를 집행하는 존재가 되었다. 족장에게 이 같은 사법권을 부여하는 것이 정부의 이익과도 부합했다. 그것이 평화를 유지하는 유일한 방법이기도 했고 또 족장은 평화시에나 전쟁시에나 똑같이 지도자이기 때문이기도 하다. 그러다보니 1745년까지도 스코틀랜드의 하일랜드에 이 권력이 남게 되었고, 일부 젠틀맨은 수백 명의 사람들을 들판으로 불러낼 수 있었다.

이 영주들에겐 자신의 땅을 처분할 다른 방법이 전혀 없었다. 그래서 그들은 그 땅 일부를 '선물'(munera)로 주거나 '은대지'(恩貸地: beneficia)로 주었다. 선물로 준 땅은 영주들이 언제든 거둬들일 수 있었고, 은대지로 준 땅은 봉신이 평생 경작하다가 죽으면 영주에게로 다시 돌아갔다. 성직자들의 성직록(聖職祿)이 생기고 그것이 '베네피키움'(beneficium)이라는 이름을 얻게 된 것도 여기서 비롯된 것 같다. 봉신에게 은대지를 주었다는 것은 곧 영주들이 봉신들의 충성을 보장받았다는 것을 의미한다. 은대지가 평생 동안 이어짐에 따라, 은대지에 대한 소유권은 자연히 죽은 봉신의 아들까지로 확장되었고 소작도 점점 대를 이어 내려가게 됨에 따라 봉건제도라 불리게 되었다. 따라서 소작인은 영주에게 더 많이 의존하게 되었다. 족장이 미성년 아들을 남기고 죽을 때, 왕은 족장의 아들이 미성년인 동안에 봉신들을 다스릴 지도자를 임명하고 그 땅에서 나오는 이익은 자신이 쓰기 위해 수용했다. 여자가 상속을 받으면, 영주는 그녀를 마음대로 결혼시킬 권리를 가졌다. 왜냐하면 영주가 자신의 봉신이 될, 그 여자의 남편을 지명하는 것이 합리적이었기 때문이다. 영주는 남자 상속인의 보호자였기 때문에, 남자 상속인이 영주의 동의를 받지 않고 결혼하는 것 또한 비합리적인 것으로 여겨졌다. 남자 상속인이 미성년일 때 그 땅을 봉건 영주가 갖기 때문에, 미성년 상속인이 자신의 부동산을 되찾기 위해서는 '상속 상납금'이라 불리는 돈을 지불해야 했다. 상속 상납금은 국왕 또는 봉건 영주의 법원에 의해 도입되었다. 그 전까지는 미성년자가 충성의 맹세만 하면 자신의 부동산을 찾을 수 있었다. 이젠 미성년 상속인은 부동산을 점유하기 전에 돈도 내야 하고 자신의 상관인 영주에게 충성도 약속해야 했다. 따라서 소작인들은 상관의 땅을 군사 활동과 충성, 후견, 결혼, 상속 상납금에 대한 대가로 가질 수 있었다. 완전 사유인 부동산은 그런 모든 의무로부터 자유로웠다. 그러나 사유 부동산의 소유자가 자신을 폭력으로부터 보호해 줄 만한 막강한 사람과 연결을 맺는 것이 재산을 안전하게 지키는 데도 유리했기 때문에, 사유지의 대부분도 봉토가 되었다. 똑같은 이유로, 대규모 사유지를 소유한 사람들도 통치자에게 세금을 내고 충성의 맹세를 했다.

이런 측면에서 보면, 사회 초기에, 특히 재산의 규모가 적을 경우에 그것을 지키는 것이 대단히 어려운 일이었을 것임에 틀림없다. 따라서 사유지의 분할보다 더 나쁜 결과를 초래하는 것은 없는 것으로 여겨졌다.

프랑스의 왕국을 분할한 결과를 충분히 경험했던 터라, 사유지가 분할될 경우엔 그 결과가 더 나쁠 게 틀림없어 보였다. 그러나 나머지 아들들의 반대 때문에, 장자상속권, 즉 사유지의 분할 불가능성(不可分性)이 도입되기까진 아직 먼 훗날의 일이었다. 독일에서도 17세기 전까지는 장자상속권이 확립되지 않았다. 그러나 상황이 장자상속권을 분명히 요구했기 때문에, 사유지는 마침내 나눠서는 안 되는 것으로 여겨지기에 이르렀다. 단 한 사람이 선호되었기 때문에,

자연히 장남이 상속인이 되었다. 법이 장남의 상속을 선호하게 된 데는 분명 어떤 이유가 있었을 것이다. 만약에 상속권이 지혜나 용기를 기준으로 결정되었더라면, 틀림없이 다툼이 크게 일어났을 것이다. 그러나 형제들 사이에 누가 가장 나이가 많은가 하는 점엔 이견이 있을 수 없었다. 사회가 시작되는 초기에 연장자는 크게 존경을 받았다. 이날까지도 타타르인 사이에 왕위는 아들에게 계승되는 것이 아니라 왕족 중에서 최고 연장자에게 계승되고 있다.

처음 도입되었을 때, 장자상속권은 다음과 같은 이유로 자연히 대습상속(代襲相續: 상속인이 상속이 이뤄지기 전에 사망할 경우에 이 상속인의 직계비속이 상속권을 물려받는 것을 말한다/옮긴이)을 낳았을 것이다. 그 이유란 동생들이 처음엔 형이 자기들보다 선호된다는 사실을, 그 다음엔 형이 죽을 경우에 장남의 아들, 말하자면 어린 아이가 삼촌들을 제치고 상속을 받는다는 사실을 받아들이기 힘들어했을 것이란 점이다. 그래서 많은 지역에서 일대일 결투가 벌어지곤 했다. 스코틀랜드 왕 로버트 브루스(Robert Bruce: 1274-1329)와 존 발리올(John Balliol: 1249?-1314)도 이 문제를 놓고 싸움을 벌였다. 브리튼 사람들의 인식에 따르면, 브루스가 혈통에는 한 걸음 더 가까웠을지라도, 맏딸의 후손인 발리올이 가장 큰 권리를 가진 것 같다. 이처럼 장자상속권의 도입에 어려움이 따르자, 다시 새로운 종류의 상속이 생겨났다. 아버지가 죽으면 그 재산은 장남에게 가지만, 만약에 아버지가 자식들이 미성년자일 때 죽거나 아직 자신의 아버지가 살아 있을 때 죽으면 죽은 사람의 아들들이 아닌 형제들이 재산을 상속하는 방법이었다. 이 방법에는 한 가지 예외가 있었다. 막내 아들이 죽을 경우에는 그의 아들들의 권리가 다른 형제들의 권리보다 앞섰다는 점이다. 로마법에는 손자의 경우에는 오직 자기 아버지의 몫만을 상속받도록 정했다. 손자는 아들로서는 상속을 받을 수 있지만 장남으로서는 상속을 받지 못했다. 형제들은 낭연히 자기 아버지와의 관계에서는 어떤 손자들보다 아들인 자신들이 훨씬 더 가깝다고 생각했다. 그러나 이런 생각이 장남의 상속에 장애로 작용했듯이, 손자가 자기 아버지가 살아 있을 경우에 당연히 품게 되는 기대를 막는 것도 힘든 일이었다. 이런 상황 때문에 훗날 직계 상속이 생겨났다. 이렇게 되자, 방계 상속에 관한 문제가 거의 일어나지 않았다. 봉건 영주의 자리를 여자는 물려받지 못했다. 군사 일을 수행할 수 없었기 때문이다. 그러나 여자도 군역이 아닌 다른 요건이 따르는 토지는 상속받을 수 있었다. 세습 영지는 두 종류, 즉 남자만 물려받는 영지와 여자도 물려받을 수 있는 영지가 있다. 여자가 왕관을 이어받지 못하는 프랑스는 전자의 예이고, 잉글랜드는 후자의 예이다.

스코틀랜드의 법을 보면 방계들의 상속과 관련해서 다소 별난 구석이 있다. 둘째 아들이 사유지를 갖고 있다가 죽으면, 그 사유지는 셋째 아들에게로 가지 첫째 아들에게로 가지 않는다. 이는 첫째 아들의 경우에는 이미 혜택을 받을 만큼 충분히 받은 것으로 여겨지기 때문이다. 거꾸로 정복을 통해 얻은 사유지의 경우에는 위로 올라간다.

그러나 이때도 그 사유지는 장남에게로 가는 것이 아니라 바로 위의 형에게로 간다. 잉글랜드 법은 정복으로 얻은 사유지를 물려받은 형은 그 사유지의 반에서 모든 혈육을 배제시키지만, 다른 나라의 예를 보면 형의 특권이 그다지 크지 않다.

　장자상속권이 농업의 발달을 저해했다는 사실이 관찰된다. 만약에 전체 사유지가 아들들 사이에 나눠졌다면, 아들 하나하나는 각자의 사유지를 최대한 개량시켰을 것이다. 더욱이, 소작인들은 절대로 농지를 자신의 땅처럼 열심히 가꾸지 않았을 것이다. 장자상속권은 또한 가족에게도 피해를 안긴다. 왜냐하면 장남은 상속을 받지만 다른 자식들은 몇 세대 안에 거지로 전락할 수 있기 때문이다. 그러나 왕권의 상속에서 장자상속권은 한 가지 뚜렷한 이점을 누린다. 그것이 형제들 간의 위험한 경쟁을 차단한다는 점이다.

　이 외에도 다른 종류의 상속이 있다. 한 예를 들면, 일부 나라에서는 막내아들이 아버지를 상속한다. 오늘날까지도 스코틀랜드의 소작인들 사이에 이와 비슷한 상속이 보인다. 나이가 많은 아들들은 성장하여 독립하고, 막내는 아버지와 함께 살다가 아버지를 상속하는 것이다.

　지금까지 법적 상속에 대해 논했다. 이제는 유언에 의한 상속을 볼 것이다. 유언에 의한 상속만큼 소유권을 넓게 확장시킨 관행도 없다는 사실이 관찰될 것이다. 따라서 이 같은 상속이 도입되기까지 상당히 오랜 세월이 걸렸다. 사람이 살아 있는 동안에 자신의 재산을 처분할 권리를 갖는 것은 매우 자연스러웠다. 그러나 유언은 엄밀히 말하면 어떤 사람이 아무 권리도 행사할 수 없게 된 때에도 그 사람이 권리를 행사할 수 있다는 것을 전제로 하고 있다. 그 사람이 자신의 권리를 이전한다고 보기도 어렵다. 왜냐하면 유언자가 어떠한 권리도 갖지 못하게 될 때까지는 상속인이 유언에 따른 권리를 전혀 가질 수 없기 때문이다. 독일 법학자 푸펜도르프(Samuel von Puffendorf: 1632-1694)는 별나게 영혼의 불멸성을 내세워 이를 설명하고 있다. 로마에서는 유언장을 쓰는 권리가 점진적으로 도입되었다. 처음에 그 권리는 자식이 없는 사람들에게만 허용되었다. 그것도 동료 시민들의 동의를 구한 다음에야 가능했다. 양자를 들일 때에도 이와 비슷한 것이 허용되었다.

어떤 사람이 죽으면서 자신의 사유지를 망명 중인 아들에게 남기기를 원한다면, 그 사람은 당연히 이웃들에게 자신이 죽은 뒤에도 자신의 사유지를 갖지 말아달라고 부탁했을 것이다. 이 부탁이 존중되었다면, 그것은 그 사람의 유언 때문이 아니라 죽은 자에게 품는 일종의 경건한 마음 때문이었을 것이다. 사람들은 대체로 친구가 남긴 마지막 말을 기억하고 또 그 요구를 들어주면서 뿌듯한 마음을 느낀다. 유언을 들어주는 일은 그 경건함 때문에 사람들의 마음에 강한 인상을 남기게 된다. 게다가 살아 있는 사람들은 죽은 자의 입장이 되어서 자신들이 마지막 남긴 말이 현실에서 실천될 때 얼마나 큰 위안을 느끼게 될 것인지를 확인하게 된다. 그러면서 자신의 마지막 부탁이 받아들여지지 않을 경우에 얼마나 큰 절망을 느끼게 될 것인지에 대해 생각해본다. 그런 정서 때문에 사람들은 소유권을 행사하는 기간을 사람이 살아 있는 기간보다 조금 더 확장하려는 태도를 보이게 되었다.

이것이 유언에 의한 상속의 바탕이 되었던 것 같다. 상속인에게 유리한 법이 확립되지 않은 상태이고 또 망명 중이라는 신분이 상속에 대한 모든 합리적인 기대를 꺾었을 것이기 때문에 망명 중인 아들로부터 그 사유지를 박탈해도 전혀 아무런 침해가 아니었겠지만, 그 아버지의 소망을 들어주지 않는 것은 일종의 무례였다. 사람들이 죽은 사람의 입장이 되어 사자(死者)가 다시 살아 돌아올 경우에 느끼게 될 심정을 헤아릴 때, 그 침해는 오히려 죽은 자에게 가해지는 것으로 여겨진다. 이 관행은 인류를 상당히 세련시킨 요소였다는 것이 관찰될 것이다. 무례한 민족 사이에는 이런 관행이 전혀 행해지지 않았다. 12표법 이전에 로마인들은 유언을 할 권리를 전혀 누리지 못했다. 색슨족 조상들도 유언으로 자신의 땅을 처분할 권리를 전혀 누리지 못했다. 구약 성경의 역사에도 그런 관행에 관한 이야기는 전혀 보이지 않는다. 죽은 자에게 품는 경건한 마음은 직접적인 계승자에 한해서만 일어난다. 그래서 처음에는 유언에 따른 권리는 직접적인 계승자가 상속을 거부함에 따라 다른 사람을 지명해야 하는 경우가 아니고는 그 계승자를 벗어나지 못했다. 다른 사람을 지명하는 것도 어찌 보면 유언에 따른 권리의 확장이었다. 이어 이 권리의 확대가

한 번 더 이뤄졌다. 어떤 사람이 미성년인 후손을 자신의 상속자로 정한다면, 그 유언자는 이 미성년자가 일정한 나이가 되기 전에 죽을 경우에 그 재산이 다른 사람에게 가게 된다는 유언을 할 수 있게 된 것이다. 이것은 '피후견인 대체'(pupillary substitution)라 불린다. 이로써 소유권이 추가로 확대되기에 이르렀다.

소유권의 확장 중에서 가장 두드러진 것은 '상속권자 지정 부동산 상속'에 의한 확장이다. 어떤 사람에게 사후에 자신의 재산을 처분할 권리를 주는 것도 매우 주목할 만하지만, 그것은 그 권리를 세상 끝까지 확장하는 것에 비하면 아무것도 아니다. 사회 초기의 가족들의 상황은 지금 가족들의 상황과 아주 많이 달랐다. 아내는 남편에게 종속되었고 또 기껏해야 딸의 위치에 지나지 않았기 때문에 자신이 직접 일을 하지 않는 이상 남편의 사유지에 좀처럼 보탬이 되지 못했다. 그러다가 여자들도 상속을 받고 재산을 소유하기에 이르렀다. 그렇게 되자 여자들은 자신들이 대접을 제대로 받고 또 자신이 죽은 뒤에 자신의 재산 일부가 자신의 친척들에게 돌아가게 하는 내용의 계약을 사전에 맺지 않고는 결혼하지 않으려 했을 것이다. 이때 쌍방이 똑같이 독립을 누릴 수 있게 하는, 합의에 따른 새로운 종류의 결혼이 생겨났다.

가정 문제에 일어난 이런 중대한 변화는 자연히 처음에는 불만의 대상이 되었을 것이다. 불만의 종국적 원인이 여자들의 상속이었기 때문에, 사람들은 여자들이 부(富)를 축적하는 것을 막으려 노력했다. 이 때문에 로마에서는 그 문제를 옛날의 상태로 되돌리기 위해 보코니우스 법(Voconian law: 일정한 금액 이상을 여자들에게 상속하지 못하도록 정한 법으로 B.C. 169년에 호민관이던 퀸투스 보코니우스에 의해 만들어졌다/옮긴이)이란 것이 제정되었다. 이 법을 피하기 위해, '신탁유증'(信託遺贈: fidei commissum)이란 것이 생겨났다. 어떤 사람이 법이 허용하지 않는 사람에게 자신의 사유지를 넘길 뜻을 품고 있을 때, 그는 이 장치를 이용해 법이 허용하지 않는 사람이 아닌 제삼자에게 재산을 넘기고 제삼자가 나중에 다시 사유지를 넘기도록 했다. 아우구스투스는 수탁자가 그 사유지를 반드시 반환하도록 하는 법을 마련하고, 그 같은 목적을 위해 행정관을 별도로 지명했다. 그 사유지를 유언으로 받은 사람은 '신탁 상속인'(heres fiduciarius)이라 불렸고, 사유지를 돌려받을 사람은 '신탁 수익자'(fidei commissarius)라 불렸다. 이리하여 소유권은 제일의 상속자 그 너머로까지 확장되었으며, 이 같은 조치가 취해지자 소유권은 더욱 멀리 나아가면서 이젠 '상속권자 지정 부동산 상속'이 도입되기에 이르렀다.

상속권자 지정 부동산 상속이라는 제도를 현대의 법에 처음 도입한 사람들은 성직자였다. 성직자들은 교육적 배경 때문에 로마의 관습을 꽤 잘 알고 있었다. 성직자들은 자신들이 이 원칙의 설교자였기 때문에 당연히 유언을 설명하고 집행하는 사람이 되었다. 그러다 테오도시우스(Theodosius) 1세(A.D.347-395)와 발렌티아누스

(Valentinian) 1세(A.D.321-375)가 그 권리를 성직자로부터 빼앗았다. 잉글랜드에서는 윌리엄 정복왕이 그 권리를 다시 성직자에게 돌려주었다.

스코틀랜드 관습에 따르면, 어떤 사람이 아내와 자식을 남겼을 경우에 유언으로 처분할 수 있는 재산은 전체의 3분의 1이다. 자식 없이 아내만 남긴 사람은 자신의 재산 중 반만을 유언으로 처분할 수 있다. 봉건제도가 도입된 뒤에 토지는 군역이 영주의 동의에 의해서만 이뤄진 것과 똑같이 유언에 의해서만 처분될 수 있었다. 원래 잉글랜드에는 유언에 의한 '상속권자 지정 부동산 상속' 같은 것은 없었고 보유에 의한 '상속권자 지정 부동산 상속'이 있었다. 사람은 자신과 자신의 상속인을 위해 사유지를 보유했지만, 상속인을 두지 않은 사람은 그 사유지를 양도하지 못하고 영주에게 돌려주었다. 그러나 상속인을 둔 사람은 사유지를 양도할 수 있었으며, 따라서 영주는 그 땅을 돌려받을 권리를 빼앗겼다. 훗날 이를 확실히 보장하기 위한 법이 마련되었다.

대체로 말해, 영원히 이어지는 '상속권자 지정 부동산 상속'보다 더 모순적인 것은 없다. '상속권자 지정 부동산 상속'에는 유언 상속의 원칙이 끼어들 여지가 없다. 죽은 자에게 품는 경건한 마음도 오직 산 자들의 마음 안에서 죽은 자의 기억이 생생히 살아 있을 때에나 생길 수 있다. 따라서 소유지를 영구히 처분하는 권리 같은 개념은 분명 터무니없다. 땅과 땅의 넉넉함은 모든 세대가 누려야 하며,

앞 세대에게는 후세대가 땅에 접근하는 것을 차단할 권리가 전혀 없다. 그런 식으로 소유권을 확장하는 것은 아주 부자연스럽기 때문이다. '상속권자 지정 부동산 상속'을 무분별하게 확장하는 것은 혹여 죽은 자의 권리가 있다 하더라도 그 권리를 어느 정도까지 인정하는 것이 합당한지에 대한 지식이 없는 데서 비롯되었다. '상속권자 지정 부동산 상속'의 최종적 확장은 그 사람이 죽을 때 살아 있었던 사람들에게로 한정되어야 한다. 왜냐하면 그 사람이 아직 태어나지 않은 사람에게는 전혀 아무런 애정을 느낄 수 없기 때문이다. '상속권자 지정 부동산 상속'은 나라의 발달에도 이롭지 않으며, 그런 상속에 포함되지 않은 땅이 언제나 가장 잘 경작되고 있다. 그런 땅을 가진 상속인은 경작할 뜻을 갖고 있지도 않고 또 경작하는 방법도 모르기 때문에 그런 현상이 나타난다. 땅을 사는 사람은 그 땅을 경작할 뜻을 갖고 있으며, 대체로 보면 땅을 새로 구입한 사람들이 최고의 경작자들이다.

5장
소유권을 취득하는 다섯 번째 방법: 자발적 양도

자발적 양도에는 두 가지 조건이 필요하다. 첫째, 어떤 물건을 양도하려는 사람과 그것을 양도받을 사람의 의지가 선언되어야 한다. 둘째, 그 물건의 인도가 실제로 일어나야 한다. 대부분의 예를 보면, 첫 번째 조건은 두 번째 조건이 충족되지 않고는 어떠한 구속력도 갖지 않는다. 왜냐하면 점유하지 않을 경우에는 어떠한 권리도 발생하지 않기 때문이다.

만약에 어떤 사람이 물건을 빌린 다음에 그것을 구매한다면, 거기엔 인도의 필요성이 전혀 없다. 왜냐하면 그 물건이 이미 그 사람의 점유로 되어 있기 때문이다. 점유를 하기 전에는, 누구도 그 물건에 대해 어떠한 권리도 갖지 못한다. 비록 그 물건을 점유하고 있는 사람에게 약속이나 계약을 지키라고 요구할 권리는 가질지라도 말이다. 예를 들어보자. 내가 어떤 사람으로부터 말을 한 마리 구입했는데 그 사람이 그 말을 나에게 넘기기 전에 제삼자에게 판다면, 나는 그 말의 점유자가 아니라 그 말을 판 사람에게 말을 내놓으라고 요구할 수 있을 뿐이다. 그러나 만약에 말이 나에게 넘겨졌다면, 나는 그 말을 점유한 사람 누구에게나 말을 내놓으라고 요구할 수 있다. 그러므로 소유권은 물건의 인도 없이는 양도되지 않는다.

네덜란드 법학자 그로티우스(Hugo Grotius:1583-1645)는 질권(質權)의 양도에는 인도의 필요성이 전혀 없다는 사실을 제대로 관찰하고 있다. 왜냐하면 이 경우에 그 물건은 이미 그 사람이 점유한 상태이기 때문이다. 프랑스에서는 어떤 사람이 기증 의사를 밝혀놓고는 기증할 물건을 인도하기 전에 죽으면, 기증하려던 물건은 상속인에게로 돌아간다. 서고트족 사람들 사이에도 이것이 관습이었다. 땅이나 다른 큰 물건의 소유권을 이전하는 데 있어서, 무엇이 소유를 결정짓는지를 판단하는 문제는 쉽지 않다. 그런 경우에 실제로 인도하는 것이 불가능하기 때문에, 스코틀랜드에서는 일종의 상징적인 인도가 이용되고 있다. 옥수수 한 묶음은 전체 들판을 상징하고 문 열쇠는 집을 상징한다. 스코틀랜드 법에 따르면, 몇 개의 사유지가 동시에 인도될 경우에 구매자는 상징적인 방법을 통해서 각 사유지를 공개적으로 점유해야 한다. 잉글랜드 법에 의하면, 몇 개의 사유지를 양도할 경우에 한 사유지에 대한 상징적 인도가 카운티 법정에서 이뤄지면 각 사유지의 양도가 모두 이뤄지는 것으로 여겨진다. 스코틀랜드에서는 상징적 인도가 그 땅 위에서 이뤄져야 한다. 잉글랜드에서는 땅이 보이는 곳에서 행하는 것으로도 충분하다. 인도 외에, 양도 조건들을 기록한 특허나 문서도 안전한 양도를 위해 필요했다.

법령에 의해 관습이 폐지될 때까지, 봉신이나 점유자는 영주의 동의 없이 자신의 사유지를 양도할 권리를 갖지 못했다. 봉신이나 점유자는 군역에 대한 대가로 사유지를 가졌기 때문에 사유지를 영주에게 돌려줘야 했으며, 그러면 영주는 그것을 구매자에게 넘겼다. 영주가 봉신을 선택하는 것이 적절해 보였기 때문에, 이 같은 절차는 별 무리 없이 받아들여졌다. 그러나 훗날엔 채권자를 명시하는 것이 필요하게 되었으며, 이는 법을 피하는 한 방편으로 이용되었다. 매각한 사람은 그 총액에 해당하는 계약서를 주었다. 이때 계약서엔 매각에 관한 언급은 전혀 하지 않았다. 이로써 그 땅은 채권자의 것이 되었고, 봉건 영주는 그를 봉신으로 받아들일 의무를 졌다. 마찬가지로, 봉신이 새로운 영주의 압제에 시달릴 수도 있었기 때문에, 봉건 영주는 봉신의 동의 없이 그의 사유지를 처분하지 못했다. 만약에 그들 중 어느 한쪽이 상대방의 동의 없이 사유지의 일부를 양도한다면, 그 사람의 권리는 몰수되었다.

봉신들이 영주에게 의무를 졌던 관행은 잉글랜드보다 스코틀랜드에서 더 오래 지속되었다. 그 차이는 잉글랜드의 정부 형태와 스코틀랜드의 정부 형태가 서로 달랐다는 사실로 설명되는데, 잉글랜드 정부는 줄곧 민주주의를 선호했고, 스코틀랜드 정부는 귀족주의를 선호했다. 사회가 확립된 뒤로는 상호 동의가 전혀 필요하지 않았다. 왜냐하면 소작인이 봉건 영주가 어떻게 하든 상관없이 법의 보호를 받았기 때문이다.

랭커스터가(家) 지지자와 요크가 지지자 사이에 내전이 일어날 즈음, 새로운 종류의 인도가 생겨났다. 어떤 사람이 자신이 이용할 목적으로 자신의 사유지를 다른 사람에게 이전했을 때, 그것은 몰수의 대상이 되지 않았다. 이는 그 사유지를 넘겨받은 사람은 토지 관리인으로 여겨졌으며, 또 타인의 이름으로 그것을 소유했기 때문이다.

6장
지역권에 대하여

두 번째 종류의 물권은 사람이 다른 사람의 재산에 대해 갖는 지역권(地役權)이다. 이 권리는 처음에 대인권이었다. 대인권으로 여겨졌던 이유는 그것이 개인들 사이의 계약에 의해 생겨나기 때문이다. 예를 들어 나와 시장이 있는 읍내 사이에 다른 사람의 사유지가 자리 잡고 있다면, 나는 그 사유지를 통하는 길을 사용하는 문제를 놓고 그 사람과 협상을 벌여야 한다. 이때 내가 그 사람에게 이 지역권을 제외시킨 상태에서 사유지를 팔지 않도록 할지라도, 이 계약은 어디까지나 대인권을 낳을 뿐이다. 그러나 거기엔 불편이 따랐다. 왜냐하면 땅이 팔리고 새로운 소유자가 길의 사용을 허용하지 않는다면, 나는 그 전 소유자와의 사이에 있었던 대인권을 바탕으로 새로운 소유자에게 소송을 제기할 수 없기 때문이다. 그래서 그 사유지를 새로 구입한 사람을 상대로 문제를 해결하려 들기 전에, 나는 먼저 그런 권리를 요구할 수 있는 예전의 소유자를 상대로 소송을 걸어야 한다. 그러면 예전의 소유자는 자신의 사유지를 산 사람에게 소송을 거는 식으로 진행될 것이다. 만약에 그 땅이 몇 사람을 거쳤다면, 이 절차는 매우 지루하고 불편할 것이다. 이를 바로잡기 위해 법은 지역권을 물권으로, 말하자면 새로운 소유자 누구에게나 청구할 수 있는 권리로 바꿨다.

지역권은 시골에서나 도시에서나 똑같이 흔하게 일어난다. 시골에서 자주 일어나는 예를 들자면, 읍내로 가는 길이나 강에 접근하는 길을 이용할 권리나 다른 사람의 목초지에서 가축이 풀을 뜯게 할 권리가 있다. 도시에서 자주 일어나는 예로는, 나의 집의 들보가 옆집 박공벽 위로 향할 권리나 지하층의 소유자에게 나의 집 벽을 지탱할 정도로 강하게 벽을 만들라고 요구할 권리 등이 있다. 이런 것들은 모두 원래 대인권이었으나 법률가들에 의해서 물권으로 바뀌었다. 사유지나 다른 많은 것들에 대한 종신 임차는 지역권이고 또 당연히 대인권이다. 봉건적 의무들은 대인권이었으며, 따라서 모든 새로운 봉신은 충성과 존경을 새롭게 맹세해야 했다.

봉건법 초기에, 모든 조항에서 자신의 의무를 다하지 않는 토지 소유자는 봉토를 몰수당했다. 마찬가지로 소작인이 주인의 땅을 침범할 경우에는 경작하던 땅을 주인에게 돌려줘야 했다. 봉신의 권리는 주인의 허가에 근거하고 있으며, 그 허가의 모든 조항은 충실히 이행되어야 하며 새로운 점유자는 반드시 그 의무를 새롭게 확인해야 한다. 소작인들이 독립하여 물적 재산을 갖게 될 때, 그들은 '독점적 이용권'을 갖는 것으로 여겨졌다.

*7*장
질권과 양도저당에 대하여

질권과 양도저당(讓渡抵當)은 부채의 상환을 보장받기 위한 안전장 치들이다. 질권과 양도저당도 처음에는 물권으로 여겨지지 않았으 나 훗날 법에 의해 물권으로 다뤄지게 되었다. 질권은 동산과, 양도 저당은 부동산과 관련 있다. 부채가 약정한 시기에 상환되지 않으면, 질권이 설정된 부동산은 몰수된다. 어려운 상황에 처한 사람들이 자 연히 부채 상환을 미루기 쉽기 때문에, 로마인들은 채무자의 태만을 다스리기 위한 법을 만들었다. 이 법에 따라, 채권자는 질권이 설정 된 동산을 몰수하여 처분한 다음에 남는 것이 있으면 돌려주는 권리 를 누렸다. 잉글랜드 법에 따르면, 질권이 만료되는 날짜가 정해지지 않았을 경우에는, 질권을 설정한 사람이 죽으면 그 질권은 동산을 취 한 사람에게 저절로 넘어가게 되어 있다. 부동산 중에서 땅은 양도저당만 잡히고 인도되지 않는다. 그러나 채무를 이행하지 않을 경우에 땅은 몰수된다. 이 부분에서 로마의 법과 스코틀랜드의 법은 거의 똑같은 입장을 보이고 있다. 만약에 상환 요구가 있고 나서 몇 개월 안에 상환이 이뤄지지 않는다면, 채권자는 전체 금액과 그에 따른 위약금을 확보하기 위해 땅을 치지할 것이다. 그러나 채권자의 소유권은 오랜 기간의 점유를 거쳐야만 확실해신다. 왜냐하면 그 땅의 주인이 합리적인 시간 안에 그것을 다시 찾을 권리를 갖기 때문이다. 그러나 옛 주인이 땅을 도로 찾을 경우에 옛날 부채를 계산하는 데 많은 문제가 따를 수 있기 때문에, 잉글랜드에서는 채무를 갚고 부동산을 되찾을 수 있는 기간을 20년으로 정했다.

저당은 계약을 통해서 생기는 또 다른 종류의 질권이다. 그러나 이 질권도 민법에 의해 물권이 되었다. 옛날에 소작인들이 파산하면, 지주는 저당에 의해 소작인의 가구와 가축을 압류할 권리를 누렸다. 이는 소작인들에게 농사에 필요한 가축이나 도구를 빌려주던 관행에서 비롯되었다. 옛날엔 이 관행에 따라 농장의 모든 가축은 지주의 것이었다. 지금은 지주는 우선권만 가질 뿐이며, 오늘날엔 저당이 로마 시대만큼 많지 않다. 모든 저당은 원래 대인권이지만 민법에 의해 물권으로 여겨진다.

8장
독점권에 대하여

물권 중 맨 마지막으로 논할 권리는 독점권이다. 상속권도 독점권에 포함된다. 상속권은 민법을 통해서 생기는 것이 아니고 자연적으로 생기는 권리이다. 상속인은 죽은 사람의 소유물을 요구할 권리를 다른 누구보다 앞서 갖는다. 그 사람이 상속인으로 인정받으면, 그때부터 죽은 사람의 재산은 상속인의 재산이 된다.

어떤 사람이 야생 짐승을 쫓기 시작하면, 그 사람에게 그 짐승을 쫓을 독점권이 주어진다. 이때 그 짐승을 추격하는 일에 끼어드는 사람은 처벌을 받을 수 있다. 그 사람이 처음 사냥을 시작한 사람의 독점권을 침범했기 때문이다.

1701년에, 잉글랜드 군함 한 척이 호위를 받고 있던 프랑스 상선과 교전을 벌이고 있었다. 프랑스 상선이 잉글랜드 군함에게 패배하기 직전에, 스코틀랜드 사략선(私掠船: 교전 중인 국가의 선박을 공격해도 좋다는 허가를 정부로부터 받은 민간 선박을 일컫는다/옮긴이) 한 척이 나타나 노획물을 챙겨 달아났다. 소송이 시작되었고, 스코틀랜드 사략선이 소유권을 침해했다는 판결이 나왔다. 그러나 엄밀히 조사해보면, 그것은 독점권의 침해일 뿐이라는 것이 확인될 것이다. 이런 것들과 일부 다른 독점권은 자연적으로 생겨나는 권리임에도 대체로 민법의 의해 창조되었다. 조합의 독점과 모든 특권이 그런 예에 속한다. 이 독점과 특권은 한때 국가의 이익에 이바지했을지라도 지금은 국가 이익에 불리하게 작용하고 있다. 한 국가의 부(富)는 식량의 풍요와 그 저렴함에 있는데, 이 조합의 특권이 모든 것을 비싸게 만드는 결과를 낳고 있다. 다수의 푸주한이 고기를 팔 수 있는 특권을 누릴 때, 그들은 가격을 자기 마음대로 정할 수 있고 사람들은 가격이 비싸든 싸든 상관없이 그들로부터 고기를 구입해야 한다. 이 특권은 푸주한들 본인에게도 이롭지 않다. 왜냐하면 다른 업종도 마찬가지로 조합을 결성할 것이기 때문이다. 만약에 푸주한들이 소고기를 비싸게 팔면, 그들은 빵을 비싸게 사야 할 것이다. 그러나 최대의 피해는 공중에게 돌아간다. 공중에겐 모든 것이 비싸서 쉽게 살 수 없게 될 것이기 때문이다. 또 모든 종류의 일이 형편없이 처리될 것이다. 그러나 새로운 책이나 새로운 기계를 팔 특권을 14년 동안 주는 것은 그리 나쁜 정책이 아니다. 그런 특권은 노력에 대한 보상으로 적절하다. 지역권(地役權)과 독점권은 시효에 의해 취득될 수도 있다는 것이 확인될 것이다.

　지금까지 다양한 종류의 물권에 대해 논했다. 이젠 계약과 준(準)계약 혹은 불법행위로 인해 생기는 대인권으로 넘어갈 것이다.

9장
계약에 관하여

계약으로 인해 생기는 이행의 의무는 어떤 약속에 의해 생기는 합당한 기대에 바탕을 두고 있다. 이때의 약속은 단순히 의지를 선언하는 것과 많이 다르다. 만약에 내가 당신을 위해 어떤 일을 할 마음이 있다고 말해놓고는 무슨 일이 생기는 바람에 그것을 이행하지 않았다면, 그때 나에게는 약속을 파기한 죄가 없다. 하나의 약속은 당신의 욕망을 선언하는 것인데, 이때 당신으로부터 그 약속을 들은 사람은 그 약속의 이행을 전적으로 당신에게 의존할 수밖에 없다. 따라서 약속은 의무를 낳고, 그 의무의 불이행은 하나의 침해가 된다.

　계약 불이행은 당연히 모든 침해 중에서 가장 약하다. 왜냐하면 사람들은 자연히 다른 사람의 수중에 있는 것보다 자신이 가진 것에 더 많이 의존하기 때문이다. 5파운드를 강탈당한 사람은 자신이 계약을 했다가 5파운드를 잃었을 때보다 훨씬 더 많은 침해를 당했다고 생각한다. 따라서 무례한 시대에는 공공의 평화를 교란하는 경우를 제외하고는 모든 종류의 범죄들이 약하게 처벌된다. 계약이 이행을 요구하거나 계약 위반을 바로잡기 위해서는 사회가 많이 발달해야 한다. 무례한 시대에 계약이 경시되었던 이유는 계약이 별로 중요하지도 않았고 언어도 불명확했기 때문이다.

이행을 요구한 최초의 계약은 이행되지 않을 경우에 피해가 매우 크고 또 계약을 이행하기로 한 사람이 분명히 존재하는 그런 계약이었을 것이다. 따라서 고대인들 사이에서는 대단히 엄숙하게 선언한 약속들이 가장 먼저 이행을 요구했을 것이다. 고대인들 사이에는 계약자들이 직접 현장에 나타나지 않을 경우에는 어떠한 약정도 맺어질 수 없었을 것이다. 또 글로 쓴 약속의 문서도 아무런 구속력을 지니지 못했을 것이다. 로마법이 약정 없는 약속에 대해 어떠한 행위도 강요하지 않듯이, 잉글랜드의 법도 약속이 의무가 되기 위해서는 먼저 약속의 이유가 있어야 한다고 정했다. 약속을 지키라고 고집하는 것은 예의에 어긋나는 짓으로 여겨졌다. 만약에 어떤 사람이 자기 딸에게 일정한 금액의 돈을 약속했다면, 거기에는 약속의 이유가 있고 따라서 그 사람은 그 약속을 이행할 의무를 진다. 그러나 만약에 그 사람이 다른 사람의 딸과 그런 약속을 했다면, 거기엔 아무런 이유가 없으며 그녀가 친척이 아니라면 그 약속은 이행을 요구하지 않는다. 만약에 내가 당신에게 어떤 약속을 했다면, 그것은 이행을 요구하지 않을 것이다. 그러나 만약에 내가 재차 당신에게 그 전에 한 약속을 잊지 않겠다고 약속했다면, 후자의 약속은 의무가 된다. 전자의 약속이 후자의 약속을 의무로 만드는 근거이다.

민법에 의해, 이행을 요구한 최초의 약속은 법정에서 한 약속이 되었다. 법정이라면 약속한 사람의 의지에 의심의 여지가 있을 수 없을 것이기 때문에, 모든 약속에 대한 서약은 법원에서 이뤄졌다. 여기서 말하는 서약은 채무자가 채권자와 함께 법정에 와서 자신이 채권자에게 일정한 금액의 빚을 졌다는 점을 인정하는 것을 뜻한다. 이런 내용을 담은 서약서 한 통은 채권자에게 주고, 다른 한 통은 법원 서기에게 보관되었다. 채권자가 이 서류를 제출할 때마다, 그 서류가 법원에 보관된 서약서와 같은 것으로 확인되면 채권자는 자신의 돈을 찾으려는 노력을 펼 수 있었을 것이다. 훗날엔 중요 도시의 행정관 앞에서 하는 서약이 법원에서의 서약을 대신하게 되었다.

이행을 요구한 그 다음 계약은 물건에 관한 계약이었다. 말하자면 어떤 물건을 그대로 돌려주거나 같은 종류로 돌려주거나 같은 가치로 돌려주겠다고 한 계약이었다는 뜻이다. 이 계약의 종류는 4가지였다. '소비 대차(消費貸借)'(mutuum), '사용 대차(使用貸借)'(commodatum), '신탁'(depositum), '질권'(pignus) 등이 그것이다.

소비 대차는 내가 같은 가치의 돈으로 돌려받기로 하고 무엇인가를 빌려주는 것을 말한다. 이 계약은 곧 이행을 요구했다.

사용 대차는 말을 빌리는 경우처럼 빌린 것을 그대로 돌려주는 계약을 말한다.

신탁은 어떤 물건의 관리를 다른 사람에게 맡기는 것을 말한다. 이 때 그 물건을 맡은 사람은 자신의 개인적 목적에 그것을 사용해서는 안 된다.

질권은 부채에 대한 보증이다.

이 모든 계약은 '낙성(諾成) 계약'(당사자 사이의 합의로 이뤄지는 계약/옮긴이)이 등장하기 전부터 이미 이행을 요구했다. 낙성 계약의 종류 또한 4가지였다. 말하자면 매매 계약, 임대차 계약, 조합 계약(partnership), 위탁 계약(commission) 등이 있다. 만약에 물건을 사는 경우에 계약을 이행하지 않으면, 당신은 계약금을 잃게 된다. 임대차 계약은 한때 임대와 품삯, 건물, 그리고 사회에 관한 거의 모든 것을 두루 포함했다. 만약에 위탁 계약이 무보수로 이뤄졌다면, 그 계약은 처음에 어떠한 행위도 요구하지 못한다. 그러나 만약에 보상이 주어진다면, 그 계약은 사용 대차와 거의 똑같다. 만약에 어떤 물건을 빌려주는 데 대해 약간의 가치가 지급된다면, 그것은 매매 계약이 된다. 소비 대차는 이자를 전제로 하지 않으며, 계약서에 이자에 대한 언급이 없으면 소비 대차는 이자를 전혀 요구하지 않는다.

이런 계약들 외에, 로마법에는 '무상(無償) 계약'(pactum nudum) 이라 불리는 것이 있었다. 아무 이유 없이 하는 약속을 뜻한다. 이런 경우에 약속을 한 사람에게 상대방의 행위와 관련해 자신을 변호할 권리가 주어졌다. 계약이 그 사람으로부터 모든 사람이 누리기를 원하는 자유를 박탈할 수 있기 때문에, 아주 작은 변호도 그 사람을 자유롭게 만들 수 있다. 원래 신앙을 위반한 일부 사건들은 법원이 맡지 않고 성직자들이 맡았으나 점차적으로 민사 재판으로 넘어갔다. 명예와 미덕의 원칙을 바탕으로 심판하는 교회법은 사람들이 보상을 바라지 않고 한 약속까지도 이행할 것을 요구했다. 이것은 훗날 민법에 의해 모방되었다. 스코틀랜드 법에 의하면, 만약에 어떤 약속이 분명히 증명된다면, 약속을 한 사람은 반드시 그것을 이행해야 한다. 형평법 법원이 도입되기 전까지, 대체로 민법은 피해에 대해서만 조치를 취하는 것을 인정했다. 피해를 바로잡는 것은 법원이 마땅히 해야 할 일이다. 따라서 만약에 어떤 사람이 계약을 이행하길 거부한다면, 그 사람은 상대방이 입은 피해에 대해서만 보상할 의무를 졌다. 그러나 형평법 법원은 그 사람에게 합의한 내용을 그대로 이행할 것을 요구했다.

계약의 현재 상태와 과거 상태는 엄청나게 다르다. 옛날엔 더없이 혐오스런 행위와 더없이 경건한 행위를 통한 의식도 계약의 이행을 보장하는 장치로 충분하지 않은 것으로 여겨졌다. 피와 물을 섞어 마시거나, 서로 피를 흘리게 하거나, 제단 앞에서 약속하거나, 짚을 꺾거나, 마음에 깊은 인상을 남길 의식들이 다양하게 행해졌다. 그러나 지금은 거의 모든 계약이 의무가 되었다.

계약을 둘러싸고 법률가들 사이에 논란을 불러일으킨 문제가 몇 가지 있다. 주화의 가치가 절하될 때 제기되는 문제가 특히 많은 논란을 일으킨다. 주화의 무게가 4온스 나갈 때 100파운드를 빌렸는데 후에 그 주화가 2온스로 가치절하 되었을 때 그 돈을 갚는다면, 나는 새 주화로 100파운드를 갚아야 하나 아니면 200파운드를 갚아야 하나? 정부가 주화에 어떠한 변화를 줄 때, 이 질문에 대한 대답이 절실해진다. 1705년에 프랑스 국왕은 1,000만 프랑이 필요한 상황에서 겨우 500만 프랑만 거둘 수 있었다. 그러자 국왕은 주화의 가치를 절상하며 1,000만 프랑에 대해 500만 프랑만 지불했다. 정부가 개인들에게 새로운 주화로 지불하는 것을 허용할 때, 피해는 그다지 크지 않다. 모든 것이 새 주화로 지급될 것이기 때문에, 주화의 평가절하는 한동안 모든 상품과 식량의 가격을 낮추게 된다.

10장
준계약에 대하여

준(準)계약은 반환 의무에 근거하고 있다. 길을 가다가 시계를 하나 주우면, 당신은 재산권에 따라 그걸 돌려줄 의무를 진다. 왜냐하면 그런 경우엔 점유한다고 해서 소유권이 생기는 것은 아니기 때문이다. 그러나 만약에 당신과 내가 주고받을 돈을 계산한 다음에 서로 합당하다고 판단한 금액을 당신이 나에게 지불했는데 나중에 그 금액이 과다하게 계산되었다는 사실을 안다면, 당신은 그걸 어떻게 해야 할까? 당신은 과다하게 지급한 돈을 당신의 재산이라고 주장하지 못한다. 이미 돈을 양도했기 때문이다. 또 당신은 계약 같은 것을 내세워 그 돈을 요구하지도 못한다. 당신과 나 사이에 계약이 전혀 없었기 때문이다. 그럼에도 내가 당신의 손실을 바탕으로 이득을 본 것은 분명하며, 따라서 나에겐 반환의 의무가 생기게 된다.

이와 마찬가지로, 만약에 어떤 사람이 갑작스레 국가의 부름을 받고 그때까지 진행 중이던 소송을 계속 이어갈 변호사를 선임하지 않은 채 타지로 떠났는데 변호가 필요하여 그의 친구가 위임을 받지 않은 상태에서 그 일을 떠안았다면, 그 사람에겐 친구가 들인 비용을 갚아야 할 의무가 생긴다.

로마법의 '반소'(反訴:actiones contrariae)도 똑같은 원칙을 바탕으로 했다. 만약에 당신이 나에게 말을 빌려주었는데 그 말이 나에게 엄청난 비용을 안겼다면, 당신은 사용 대차 계약에 따라 당신의 말을 빌려준 때와 똑같은 상태에서 돌려달라고 나에게 요구할 수 있고 나는 '반소'(反訴)에 따라 예외적으로 많이 든 비용에 대해 청구할 수 있다.

이와 똑같은 원칙은 다른 많은 예에서도 일어난다. 만약에 어떤 사람이 돈을 빌리면서 지인 3명에게 연대보증을 서게 했는데 그만 파산했다면, 채권자는 재력이 가장 뛰어난 보증인을 상대로 소송을 제기하고 이 보증인은 다른 2명에게 변상 의무에 따라 각각 3분의 1을 요구할 수 있다.

스코틀랜드의 법은 이를 더욱 확대하고 있다. 파산한 사람이 두 곳의 사유지를 갖고 있는데 채권자가 A와 B 두 사람이라고 가정하자. A는 사유지 두 곳 모두를 담보로 잡았고 B는 두 곳 중 더 나은 곳 한 곳만 담보로 잡았다. 그러면 A는 어느 사유지에서나 돈을 뽑아낼 자유를 가지며, B가 담보로 잡은 사유지에서도 돈을 뽑아낼 수 있다.

이런 경우에 B는 구제받을 길을 완전히 차단당하기 때문에, 법은 A
에게 다른 한 사유지에 대한 담보를 포기하고 B에게 넘기도록 정하
고 있다.

*11*장
불법행위에 대하여

이젠 세 번째 종류의 대인권을 논할 차례이다. 말하자면 불법 행위에 따른 대인권을 살필 것이다.

불법 행위는 두 종류이다. 나쁜 의도가 깔린 행위가 있고, 중대한 과실이 있다.

침해가 일어나면, 그런 행위는 자연히 객관적인 방관자의 분개를 불러일으키며, 위반자에 대한 처벌은 편견이 없는 방관자가 동의할 수 있는 한 합당하다. 이것이 처벌의 자연스런 기준이다. 처벌의 증거로 최초로 제시되었던 것은 오늘날 일반적으로 처벌의 바탕으로 여겨지고 있는 공익이 아니라는 것이 관찰될 것이다. 처벌의 진짜 원칙은 피해자의 분노에 대한 공감이다.

처벌에 대한 근거가 공익이 될 수 없는 것은 다음의 예에서 명백하게 드러난다. 잉글랜드에서 양모는 공적 부(富)의 원천으로 여겨졌으며, 양모를 수출하는 행위는 사형에 해당하는 중죄였다. 그럼에도 양모가 예전처럼 수출되고, 사람들은 그 같은 행위에 대해 나쁜 짓이라고 믿었을지라도, 위반자들을 사형에 처할 증거는 전혀 제시하지 못했다. 양모를 수출하는 행위 자체는 범죄가 아니다. 따라서 사람들이 그것을 사형으로 처벌할 수 있는 범죄로 여기도록 만드는 것은 불가능했다. 마찬가지로, 보초가 근무지를 이탈했다는 이유로 사형에 처해진다면, 그 같은 처벌이 정당하고 또 근무지 이탈로 벌어질 수 있는 사태가 매우 심각할지라도, 사람들은 마치 도둑이나 강도를 처벌하듯 그 보초를 처벌하지는 못할 것이다.

분노는 처벌을 촉발시킬 뿐만 아니라 처벌 방법까지 제시한다. 범죄자가 사람들에게 가한 구체적인 범죄에 대해 처벌을 받지 않는다면, 그리고 범죄자가 그 처벌이 바로 그 행동 때문이라는 것을 알지 못한다면, 사람들의 분노는 달래지지 않을 것이다. 범죄는 언제나 자연권이나 기득권, 혹은 물권이나 대인권을 침해하는 행위이다. 어떤 계약을 이행하지 않는 것은 거기에 기만적인 의도가 개입되어 있지 않다면 그 자체로는 범죄가 아니다.

사람에게 저질러질 수 있는 최악의 범죄는 살인이다. 살인에 대한 자연스런 처벌은 사형이다. 이때 사형은 배상이 아니고 합당한 보복이다. 모든 문명국가를 보면, 살인자에 대한 처벌은 사형이다. 그러나 미개한 국가에서는 금전적 배상이 받아들여졌다. 왜냐하면 미개한 상태에서는 정부가 허약하고 또 정부가 개인들 사이의 싸움에 중재 이외의 방법으로 끼어드는 것을 꺼렸기 때문이다. 특히 수렵 시대에는 권위 그 이상은 없었으며, 당시에 탁월한 영향력을 발휘하던 사람도 쌍방이 합의하도록 설득하는 그 이상의 역할을 하지 못했다. 누군가가 사람을 죽이면, 사회 전체가 한자리에 모여서 사람을 죽인 쪽이 배상을 하고 피해자의 가족이 그 배상을 받아들이도록 조언했다. 미국의 경우 어떤 가족의 구성원이 같은 가족의 다른 구성원을 죽였다면, 사회는 그들의 문제에 참견하지 않는다. 그 사건이 사회의 평화를 해치지는 않기 때문이다. 미국인들은 어떤 가족이 다른 가족을 공격하는 사건에만 주의를 기울인다. 정부가 어떤 사람을 그들 앞에 불러내서 그 사람에게 어떤 것을 해야 한다는 식으로 말할 수 있게 된 것은 수많은 세월이 흐른 뒤의 일이다. 사람들이 그런 절대적인 권위에 복종하기까지 긴긴 세월이 필요했던 것이다.

모든 국가들의 법을 보면 고대에 정부가 허약했던 흔적이 확인된다. 정부가 보다 강력해짐에 따라, 살인범은 살해당한 사람의 친척뿐만 아니라 공중에도 배상해줘야 했다. 이런 경우에 공중은 살인범을 그 사건과 관련 있는 사람들의 보복으로부터 보호해야 하는 부담을 안았다. 로마 제국이 쇠퇴할 때 게르만 민족 사이에 통용되었던 형법의 사정은 그러했다. 당시 게르만 민족은 오늘날 미국인들보다 훨씬 더 발달되어 있었다. 게르만 민족이 사형으로 처벌한 경우는 좀처럼 없었지만 그래도 범죄에 비례하여 처벌했던 것 같다. 모든 사람에겐 각자 신분에 따라 가격이 매겨졌다. 국왕을 살해할 때 지급해야 하는 가격도 정해져 있었고, 노예를 죽였을 때 지급해야 하는 가격도 정해져 있었다. 배상은 살해당한 사람과 그 친척들의 신분과 비례했다. 중재를 위해 군주에게 지불해야 하는 돈도 살해당한 사람의 신분에 따라 달라졌다. 귀족 중에서도 하위 귀족을 죽였을 때보다 상위 귀족을 죽였을 때 벌금이 더 컸다. 왕의 평화를 교란했을 때의 벌금이 남작이나 경(卿)의 평화를 깨뜨렸을 때의 벌금보다 더 컸다. 만약에 부상을 입힌 사람이 배상을 지급하길 거절하면, 그 사람은 부상을 입은 사람의 분노에 고스란히 노출되었다. 만약에 그 사람이 벌금을 지급할 수 없는 상황이라면, 그는 친구들에게 도움을 청할 의무를 졌다. 배상이 아무래도 범죄에 적절하지 않았기 때문에, 정부는 힘을 키운 뒤에 범죄자의 자유에 대한 대가로 추가적인 배상을 챙겼다. 이로부터 주권자는 범죄자들을 사면할 권리를 획득했다. 왜냐하면 원래는 군주도 미상환 부채를 면해줄 권한을 갖지 못하는 것과 마찬가지로 범죄를 용서할 권한을 갖지 못했기 때문이다.

고대에 범죄는 두 가지 측면으로 고려되었다. 부상당한 가족에게 저질러진 것으로 여겨지는 한편으로 평화에 반하는 것으로도 여겨진 것이다. 정부는 평화를 깨뜨리고 국왕의 가신을 살해한 사람들을 처벌하는 독점권을 가졌다. 정부에 대한 배상은 훗날 사형으로 바뀌어갔다. 국왕의 사면으로 범죄자가 풀려나면, 범죄 피해자의 친척은 범죄자를 괴롭힐 권리를 갖지 못했다. 잉글랜드에선 범죄자는 국왕만 아니라 친척을 위해서도 처벌될 수 있다. 살인자에 대한 상소가 국왕에게 제기될 때, 국왕은 살인자를 사면하지 못한다. 그러나 그런 상소는 좀처럼 일어나지 않는다. 상소를 제기하는 절차 자체가 대단히 까다롭기 때문이다. 어떤 남자가 살해당했다면, 아내 외에는 어느 누구도 상소를 하지 못했다. 혹은 아내가 종범(從犯)인 경우에는, 법적 상속인만 상소할 수 있었다. 단어 철자가 틀린다든지 절차상의 실수가 하나라도 있으면, 상소는 중단되었다. 이유는 법원들에게 사소한 실수를 묵인하도록 허용한 수정 법령이 상소에까지 확대 적용되지 않았기 때문이다. 신체를 손상시키거나 부상을 입힌 사건에서 상소가 종종 이뤄졌다.

잉글랜드 법에 의하면, 살인은 몇 가지 종류로 나뉜다. 살인이라는 단어(murder)는 원래 은밀한 방법을 의미했다. 범죄가 대체로 은밀히 저질러졌기 때문이다. 훗날 모든 종류의 흉악한 죽임은 살인이라 불렸으며, 그에 따라 배상이 이뤄졌다. 살인은 예비 음모를 통해 일어나기도 하고, 순간적인 분노 때문에 일어나기도 하고, 우발적인 사고로 인해 일어나기도 한다. 이 중에서 첫 번째 경우만 모살(謀殺: murder)이라 불린다. 두 번째는 고살(故殺: manslauter)로, 세 번째는 정당방위 살인(chance medley)으로 불린다. 세 번째의 경우에는 종종 용서가 되고 또 정당화되기도 한다. 자위(自衛)를 위해 저질러진 살인의 예가 그런 경우이다. 두 사람이 다투는데, 어느 한 편이 자신의 안전을 위해서 상대방을 죽이지 않을 수 없는 상황에서 일어나는 살인을 말한다. 이는 변명은 가능하지만, 정당화되는 살인은 아니다. 정당화되는 살인은 두 가지이다. 첫째, 자신의 신체나 재화 또는 집을 지키기 위한 것이 있다. 이 살인이 자위를 위해 저질러지는 살인과 다른 점은 노상에서나 집 안에서 공격 같은 다툼이 전혀 일어나지 않는다는 점이다. 둘째, 경찰관 혹은 정의를 구현하는 공무원을 돕다가 일어난 살인은 정당화된다.

살인의 종류는 이러하며, 이젠 각 살인의 본질을 살피도록 하자. 어떤 사람이 다른 사람을 기다렸다가 죽일 때, 그것은 명백히 살인이다. 이 같은 살인은 어떤 사람이 도발이 전혀 없는 상태에서 다른 사람을 죽이는 경우와 똑같다. 잉글랜드 법에서는 구타가 없으면 도발이 전혀 일어나지 않은 것으로 여겨진다. 말이나 협박만으로는 도발이 되지 않는다. 그러나 만약에 어떤 사람이 당신에게 주먹을 날렸고 당신도 그에 맞서 주먹을 날렸는데 그만 그 주먹에 그 사람이 죽는다면, 그것은 모살이 아니고 고살이다. 만약에 어떤 사람이 가축에게 총을 쏘거나 다른 범죄 행위를 하다가 의도하지 않게 사람을 죽인다면, 그것은 모살이다. 범의(犯意)나 사전 계획이 조금이라도 있는 살인은 모살이다. 만약에 어떤 사람이 오전에 받은 도발 때문에 오후에 누군가를 죽인다면, 그것은 모살이다. 그러나 만약에 그가 몇 걸음 물러났다가 그 즉시 돌아와 살인을 저질렀다면, 그것은 모살이 아니고 고살이다. 자위를 위한 살인은 거기에 폭력을 피할 가능성이 전혀 없었다면 처벌하지 못한다. 그러나 만약에 어떤 사람이 뒤로 물러나

서 칼을 뽑아들 시간을 가졌다면, 그 살인은 처벌 가능하다. 이유는 그 사람이 현장에서 달아날 수도 있었기 때문이다.

스코틀랜드의 법은 모살과 고살을 전혀 구분하지 않는다. 잉글랜드에 고살이 도입된 것은 성직의 특전을 통해서였다. 시민 정부의 권위가 커졌을 때, 범죄에 대한 처벌이 더욱 엄격해졌고 따라서 평화가 깨어지는 예가 줄어들었다. 성직자들은 시민 정부의 권력 강화가 하느님의 말씀과 일치하지 않는다고 주장했다. 성직자들은 자신들의 권위가 예수 그리스도와 교황으로부터 나오기 때문에 민간 법정에 서지 않으려 들었다. 성직자들은 성경에 따르면 범죄 의도나 사전 계획이 전혀 없는 범죄를 모살(murder)로 여기지 않는다고 주장했다. 이에 대한 증거로 성직자들은 '신명기' 19장을 제시했다. 따라서 성직자가 어떠한 범죄라도 저지르게 되면, 주교는 세속 권력에게 그 성직자를 내놓으라고 요구할 권리를 가졌다. 만약에 어떤 성직자가 자신을 위해 맹세해 줄 사람을 12명 제시할 수 있으면, 그는 석방되었다. 그러나 그 성직자가 그렇게 하지 못하면, 주교는 그가 교정 가능한지 여부를 판단했다. 만약에 교정 불가능한 것으로 판단되면, 그 성직자는 성직을 박탈당했다. 이런 식으로 주교는 성직자는 물론이고 교구 직원 등 교회와 조금의 연결이라도 있는 모든 사람을 내놓으라고 시민 정부에 요구할 수 있었다. 그러나 민간 법원은 훗날 주교에게 글을 읽을 수 있는 사람들만을 요구할 수 있도록 허용했다. 이유는 글을 읽는 능력이 성직자의 성무일과(聖務日課)와 관련이 깊었기 때문이다. 그 뒤에 앤(Anne) 여왕(1665-1714)은 고살과 관련해서 성직의 특전에 따랐던 특권을 모든 사람에게 똑같이 부여했다. 정당방위 살인의 경우에, 그 사람은 자신의 재화를 몰수당하지만 그것을 다시 찾기 위해 소송을 제기하고 사면을 청할 권리를 갖는다. 정당화될 수 있는 살인을 저지른 사람은 법원이 개입해야 할 범죄를 저지르지 않았다고 주장할 수 있어야 하며, 그 증거를 제시할 수 있을 때에는 처벌을 피할 수 있다.

분노는 자연히 생명체뿐만 아니라 무생물을 향해서도 쏟아진다. 많은 민족을 보면, 사람을 죽인 칼이나 도구를 저주스런 것으로 여겨 파괴했다. 특히 아테네 시민들 사이에 이런 현상이 강하게 나타났다. 잉글랜드 법에 따르면, 만약에 어떤 사람이 말에서 떨어져 죽음을 당했다면, 그 말은 속죄물 법에 따라 몰수되었다. 속죄물은 악마에게 주어지는 것으로 여겨진다. 훗날 성직자들은 속죄물을 자선의 목적에 이용했다. 만약에 어떤 사람이 정지해 있는 어떤 대상에 의해 죽음을 당했다면, 그 사람을 죽게 한 부분만 몰수되었다. 예를 들어 어떤 사람이 가만히 서 있는 마차의 바퀴에서 떨어져 죽었다면, 그 바퀴만 속죄물이 되었다. 그러나 만약에 마차가 움직이고 있었다면, 마차 전체가 몰수되었다. 어떤 선박 안에서 사람이 죽을 경우에 그 선박을 몰수하는 것이 과연 맞는가 하는 의문이 오래 전부터 제기되었다. 그러나 그렇게 할 경우에 선원들의 피해가 워낙 컸기 때문에 선박은 몰수하지 않는 것으로 여겨졌다.

사람은 또 공격이나 구타 혹은 자유에 대한 억압으로 인해 신체에 부상을 입을 수도 있다. 원래 로마법에서는 신체를 손상시키는 행위에 대해서 살인과 똑같은 방식으로 배상이 이뤄졌다. 그런 죄를 저지른 사람이 친구들의 도움을 받아서도 배상금을 지급하지 못하면, 그는 신체에 손상을 입은 사람에게로 넘겨져 똑같은 방법으로 신체 손상을 당했다. 이런 처벌의 과정은 '살리카 법'을 통해 널리 알려져 있다. 많은 민족들을 보면, 특히 랑고바르드 족 사이에서 신체적인 모든 손상을 놓고 배상을 통한 합의가 이뤄졌다. 이빨 하나 당 상당한 금액을 지불했다. 앞니인 경우에 그 금액은 더 커졌다. 이빨 두 개를 부러뜨렸을 때에도 상당한 금액을 지불했다. 그러나 매우 주목할 만한 사실은 이빨이 스무 개가 부러졌더라도 부상당한 사람은 이빨 3개 값 이상을 요구하지 못했다는 점이다. 신체의 각 부분에 대한 금액이 정확히 정해져 있었다.

로마인들 사이에는 배상을 지급할 능력이 없는 사람은 복수법(復讐法)을 충족시켜야 하는 것으로 통했다. 그 사람은 자신이 때린 만큼 맞았다. 눈을 뽑았으면 똑같이 눈이 뽑혔고, 이빨을 부러뜨렸으면 똑같이 이빨이 부러뜨려졌다. 이 관습은 오랫동안 계속되었으며, 대체로 보면 합리적이지만 일부 경우에는 부적절하기도 하다. 어떤 사람이 레슬링을 하다가 팔을 부러뜨렸을 경우에, 상대방의 팔까지 부러뜨려야 한다고 주장하는 것은 다소 무리이다. 또 이 관습을 따르지 못하는 경우도 간혹 있었다. 남자가 여자의 낙태를 초래한 경우가 그런 예이다. 이런 상황에서 남자는 여자에게 가한 방법과 똑같은 처벌을 받을 수 없다. 이 관습은 점점 사라졌고, 대신에 처벌을 받을 사람의 신분에 따라서 벌금이 도입되었다. 로마에선 행정관이 벌금을 거둬들이는 일을 맡았다. 그러나 일부 국가에서는 이 관습이 더 오래 지속되었으며 네덜란드에는 이날까지도 그 잔재가 남아 있다. 어떤 사람이 군역 수행에 결정적으로 필요한 신체 부위에 부상을 입힐 경우에, 이에 대한 처벌은 특별히 더 엄격했다.

　범죄의 뜻을 품고 남의 얼굴의 일부를 훼손시키는 행위는 '코번트리 법령'에 의해 사형의 대상이 되었다. 이 법이 나오게 된 이유는 존 코번트리(John Coventry:1636?-1685) 경이 의회에서 찰스 2세 왕에게 무례한 내용의 연설을 했기 때문이다. 국왕의 허락을 받지 않았을 것으로 생각되지는 않는데, 국왕의 아들은 다른 사람들과 함께 코번트리 경을 기다렸다가 그의 귀를 베고 얼굴에 손상을 입혔다. 즉시 의회는 악의를 품고 남의 얼굴을 훼손시키는 범죄에 사형 처벌을 내리게 하는 법을 통과시켰다. 그러나 이 법을 근거로 처벌된 경우는 쿡(Cook)이라는 사람을 제외하곤 한 사람도 없었다. 쿡은 자기 형을 죽이기 위해 잠복해 기다리다가 형을 죽이지는 못하고 얼굴을 훼손시키는 선에서 그쳤다. 그는 범의를 사전에 품은 가운데 죄를 지은 것으로 확인되었다. 그는 자신의 의도는 얼굴을 훼손하는 것이 아니고 죽이는 것이었다고 주장했지만, 법원은 그가 사용한 도구를 근거로 살해뿐만 아니라 얼굴을 훼손시킬 뜻을 품고 있었다고 판단했다.

사람은 협박과 폭행에 의해서도 피해를 입을 수 있다. 사람이 육체적 공포를 느낄 때에는 협박이고, 실제로 두들겨 맞을 때에는 폭행이다. 언어에 의한 협박은 주먹을 휘두르지 않거나 도구 같은 것을 끄집어내지 않았다면 원래 처벌의 대상이 되지 않았다. 이런 범죄들에 대한 처벌은 처음에는 화해였으나 지금은 벌금과 구금이다.

사람은 자유에 대한 억압에 의해서도 신체적 피해를 입을 수 있다. 따라서 모든 국가의 법은 자유를 보장하려고 특별히 조심한다. 스코틀랜드에선 어떤 행정장관도 사람들을 마음대로 구금할 권리를 갖지 않는다. 행정장관이 의심의 근거를 확보하고 있는 경우에 구금할 권리를 갖는 것은 합리적이다. 그런 권리 때문에 무고한 사람이 고통을 겪는 일이 가끔 일어날지라도 말이다. 자유를 완벽하게 보장하는 것보다 더 어려운 일은 없을 것이다. 의심을 어느 정도 불식시킬 증거를 제시할 수 있다면, 그 사람은 사형으로 다스릴 범죄가 아닌 이상 보석금을 내고 풀려날 수 있다. 보석금이 충분하지 않을 경우에 행정장관이 보석을 받아들이는 것은 부당하다. 그러나 보석금이 충분한데도 그것을 받아들이지 않으면 그때는 오히려 행정장관이 처벌을 받을 만하다. 만약에 어떤 사람이 재판을 받아야 하는 시기를 넘겨서까지 부당하게 감옥에 갇혀 있었다면, 그는 신분에 따라 하루에 얼마씩 보상을 받는다.

잉글랜드에서 만약에 어떤 사람이 순회재판 이튿날 억류된다면, 그 사람은 인신보호율이 정한 대로 일정 기간 안에 재판을 받을 권리를 보장받기 위해 자비로 런던으로 보내질 것이다. 그러나 그 사람이 비용을 대지 못할 경우에는 다음번 순회재판까지 기다리는 수밖에 없다. 스코틀랜드에는 인신보호율에 해당하는 것이 없었다. 거기서는 사람이 주 법원의 법관에 의해 재판을 받을 수 있고, 여하튼 국왕의 법정이 있는 에든버러로 이송될 수 있었다. 이 모든 것은 자유주의 정부에서 자유를 확보하기 위한 상지로 나온 것이지만, 독재 정부에서는 행정장관의 의지가 곧 법이다.

공포감을 느끼는 가운데서 행해진 행위와 관련해 말하자면, 그런 상태에서 나온 계약은 구속력을 지니지 못한다. 사람이 자발적으로 행동하지 못하는 상황에서는 어떠한 의무도 생기지 않기 때문이다. 그러나 만약에 어떤 사람이 고소의 위협에 쫓기다가 그것을 피하기 위해 계약서를 준다면, 그 증서는 유효하다. 이때 공포는 부당한 공포로 여겨지지 않는다.

강간 혹은 강제 결혼은 사형에 처하는 범죄이다. 왜냐하면 여자의 명예가 너무나 심하게 짓밟히기 때문에 목숨을 빼앗는 처벌 외의 다른 처벌로는 충분한 복수가 되지 못하기 때문이다. 강제 결혼이 법으로 금지되었음에도 여자가 나중에 동의한다면, 그녀의 동조자들은 상소하지 못하지만 그래도 국왕은 그것을 문제 삼을 것이다.

사람은 모욕이나 말, 글에 의해서도 명예를 손상당할 수 있다. 남들 앞에서 일어난 모욕은 중대한 침해이다. 모욕이 말로 이뤄지면 말로 하는 침해가 되고, 글로 이뤄지면 글로 하는 침해가 된다. 모든 모욕의 경우에 법은 구제의 기회를 준다. 옛날 법에 따르면, 모욕은 협박이나 폭행과 똑같이 처벌되었다. 남들이 보는 앞에서 일어난 모욕은 아주 악질적인 범죄이다. 5파운드 내지 10파운드의 가벼운 벌금은 절대로 그런 모욕에 대한 배상으로 충분하지 않다. 법이 정의를 거부하는 곳에서, 사람들은 자연히 정의의 실현을 직접 하게 된다. 이 관행이 유럽에서 결투를 낳았다. 그런데 이 결투는 부상을 추가로 부른다. 결투에 나설 경우에 주먹세례를 맞아야 할 뿐만 아니라 목숨을 잃을 위험까지 감수하거나 무시무시한 증오를 부를 것이기 때문이다. 소크라테스(Socrates)의 시대에 거짓을 증명하는 모욕은 대수롭지 않게 여겨졌다는 사실이 관찰될 것이다. 소크라테스 본인도 거짓을 입증하면서 어떠한 예의도 갖추지 않았다.

말에 의한 침해는 옛날 법에서나 현대 법에서나 똑같이 바로잡아질 기회를 갖는다. 어떤 사람이 남들로부터 근거 없는 비난의 소리를 들을 때, 그 문제는 법원에서 다뤄질 수 있다. 만약에 그 사람이 문서 위조나 절도 또는 다른 범죄를 저질렀다는 비난을 듣는다면, 그는 엄청난 피해를 입을 수 있기 때문에 충분한 배상을 받을 권리를 누린다. 마찬가지로 어떤 사람의 권리 혹은 직함이 훼손당할 때, 그 사람은 침해를 당하게 된다. 만약에 내가 당신에게 당신 자신의 집에 대해 내가 갖고 있는 권리 그 이상을 절대로 갖지 못한다고 말한다면, 그것은 일종의 모욕이다. 이유는 그 같은 나의 발언이 당신의 집에 대해 권리를 갖고 있는 사람들을 흥분시키기 때문이다. 비록 나의 말이 사실일지라도, 그것은 모욕적인 나의 발언을 누그러뜨리는 요소만 될 뿐이며 내가 기소를 면하게 해주지는 못한다. 어떤 사람이 어떤 여자를 두고 매춘부라고 부르는 경우처럼, 종교 재판소에서만 기소되는 범죄도 있다.

글로 표현한 모욕적인 단어들은 소송의 대상이 된다. 그러나 같은 모욕적인 단어도 밀로 했다면 소송의 대상이 되지 않는다. 문서를 통한 명예훼손과 풍자는 정부의 성격에 따라 처벌 대상이 된다. 귀족주의 정부에서는 문서를 통한 명예훼손과 풍자가 엄격히 처벌되고 있다. 소국의 군주들은 악의적인 명예훼손에 의해 꽤 심각한 피해를 입을 수 있다. 반면에 자유로운 국가의 국왕과 장관들은 명예훼손과 풍자에도 별로 피해를 입지 않는다. 고대 그리스와 로마에서는 명예훼손과 풍자가 오랫동안 처벌을 받지 않았다. 그러다 아우구스투스가 명예훼손과 풍자를 지어낸 사람들을 사형에 처하는 법을 되살렸다. 대체로 보면 종속적인 사람들은 스스로 어떤 죄를 씻어야 할 필요성을 느끼지 않는다면 그런 명예훼손을 무시한다.

사람은 동산이나 부동산에 침해를 당할 수도 있다. 부동산의 경우에는 방화나 강제 침입으로 피해를 입을 수 있다. 방화는 불태울 의도를 갖고 다른 사람의 집에 불을 지르거나 다른 사람의 집을 태울 목적으로 자신의 집에 불을 지르는 것을 말한다. 로마와 잉글랜드, 스코틀랜드 법은 방화를 사형으로 처벌한다. 만약에 불이 부주의로 인해 일어났다면, 그때는 어떠한 처벌도 하지 않는다. 강제 침입은 폭력을 행사하여 사람을 자신의 주택 밖으로 쫓아내는 것을 말한다. 법은 이 문제에 아주 엄격하기 때문에 쫓겨난 사람은 폭력을 행사해 자신의 주택을 되찾을 수 있다. 이는 봉건시대의 관습에서 비롯되었다. 봉건시대에는 남작들과 그들의 가신들이 서로의 재산을 빼앗는 행위가 아주 흔하게 일어났다. 그 시대에는 빼앗긴 것을 되찾는 유일한 방법은 그 길 뿐이었다. 그 후에 자신이 폭력적으로 쫓겨났다는 사실을 증명할 수 있는 사람은 누구나 재산을 되찾을 수 있게 하는 법이 만들어졌다. 그러나 만약에 폭력으로 부동산을 소유하게 된 사람이 그것을 3년 동안 지켰다면, 옛날의 소유자는 자신이 폭력적으로 빼앗겼다는 사실을 증명해야 할 뿐만 아니라 자신이 그 부동산의 진정한 소유자라는 사실까지 증명해야만 부동산을 되찾을 수 있었다.

동산으로 피해를 입을 수 있는 길은 절도와 강도, 해적 행위 등 3가지이다. 절도는 다른 사람의 재산을 몰래 갖고 가는 것을 말한다. 이 범죄는 사형으로 처벌하는 것을 정당화할 만큼 분노를 자극하지 않으며, 오랫동안 사형으로 처벌을 받지 않았다. 옛날의 로마법에는 도둑은 자신이 훔친 것에다가 추가로 더 얹어 줘야 한다고 정했다. 양을 한 마리 훔쳤다면, 도둑은 양을 두 마리로 갚아야 했다. 그러나 '명백한 절도'와 '불분명한 절도'의 구분이 특별히 있었다. 훔치는 현장에서 잡힌 명백한 절도인 경우에 도둑은 훔친 것의 네 배로 갚았고, 불명확한 절도는 훔친 것의 두 배로 갚았다. 로마인들이 스파르타 사람들로부터 이 법을 차용한 것으로 전해지는데, 스파르타 사람들은 전쟁터에서 필요한 교활함을 키운다는 생각에서 젊은이들에게 잘 훔치고 잘 숨는 법을 가르쳤다고 한다. 그러나 스파르타 사람들은 결코 다른 사람의 재산을 훔치라고 가르치지는 않았다. 스파르타 사람들은 축제 때 젊은이들을 위해서는 아무것도 준비하지 않았다. 그래서 젊은이들은 풍족하게 준비되어 있는 아버지들의 식탁에서 훔쳐 먹어야 하는 것으로 여겨졌다. 훔쳐봐야 기껏 빵 부스러기였지, 그 외의 다른 것은 절대로 아니었다. 스파르타 사람들이 현장에서 잡힌 명백한 절도를 불명확한 절도보다 더 가혹하게 처벌하는 진짜 이유는 미개한 민족들이 범죄가 불러일으키는 분노의 강약에 따라 범죄를 처벌했기 때문이다. 도둑이 현장에서 잡힐 때, 사람들이 느끼는 분노는 매우 강했으며 따라서 도둑을 엄하게 처벌하는 경향을 보였다. 13세기 이후로 절도는 사형으로 처벌되었다. 영주들의 가신들은 끊임없이 이웃 영토를 침입해 그곳의 재산들을 약탈하고 있었다. 정부가 확립되자, 자연히 사람들이 가장 쉽게 저지르는 범죄가 가장 엄격한 처벌의 대상이 되었다. 그래야만 그 범죄가 줄어들 것이기 때문이다. 신성 로마 제국의 프리드리히(Frederick) 1세 황제(1123?-1190)가 처음으로 이 범죄를 사형으로 처벌하도록 했다. 그 후에 모든 문명국가들이 프리드리히 1세의 예를 따랐다. 그러나 이 처벌은 틀림없이 지나치게 가혹하다. 왜냐하면 도둑은 다소 비열한 존재로 아주 강한 분노를 유발하지 않기 때문이다. 어쩌면 도둑은 분노를 살만한 가치조차 없는 존재로 여겨진 것 같다. 옛날의 스코틀랜드 법은 토지를 가진 젠틀맨을 대상으로 한 절도를 반역으로 여겼다. 이유는 젠틀맨은 도둑들과 부랑자들을 사주하고 도움을 주는 자로 여겨졌기 때문이다. 그리고 젠틀맨들은 서로 싸웠기 때문에, 이 싸움이 주권의 강탈처럼 보였고 따라서 반역의 죄를 짓는 것으로 여겨졌다. 잉글랜드 법은 1실링 이하의 절도에 대해서는 '망신 틀'(pillory: 죄인의 목과 두 손을 끼워 망신을 주던 옛날의 형틀/옮긴이)로 처벌하고, 1실링을 넘는 절도에 대해서는 사형으로 처벌했다. 스코틀랜드에서는 이보다 훨씬 더 큰 금액을 훔쳐야 사형에 처해졌다. 또 구체적인 어떤 사람이 소유한 것을 제외하고는 어떠한 것도 절도가 되지 않는다. 숲에서 사슴을 훔치거나 비둘기 집에서 멀리 떨어진 곳에서 비둘기를 훔친 사람은 훗날 별도의 법이 만들어졌을 때까지 처벌되지 않았다. 가택 침입의 경우에는 훔쳐간 물건의 가치가 1실링에 미치지 않을 때에도 사형으로 처벌되었다. 그런 처벌은 한때는 필요했을지 몰라도 지금은 지나치게 가혹하다. 정부는 처음에 허약했고 따라서 범죄를 효과적으로 처벌하지 못했지만, 사회의 이익이 걸린 사건들에는 개입할 의무를 져야 했다. 그러다 정부는 힘을 더욱 많이 키우게 되자 처벌을 더 엄하게 만들었다. 느슨한 규율이 야기한 부도덕을 해결하기 위한 조치였다. 12표법이 거의 모든 범죄를 사형으로 다스리고 있는 이유도 거기에 있다. 유럽에서는 배상의 관습이 사라진 뒤, 대부분의 국가들은 모든 것을 반역죄로 처벌했다. 토지를 가진 잰틀맨의 사유지에서 일어나는 절도도 소역죄로 처벌되었고, 주인을 죽인 하인과 주교를 죽인 성직자, 남편을 죽인 아내도 소역죄로 처벌되었다. 훗날에는 국가와 관련한 범죄만 반역죄로 여겨졌으며, 이 범죄는 그런 식으로 점차적으로 적절한 범위를 찾아갔다.

강도질은 사람을 신체적으로 엄청난 공포에 떨게 하는 범죄이기 때문에 아주 엄격한 처벌의 대상이 되고 있다. 어떠한 경우에도 강도는 구제를 받지 못한다. 심지어 시장에 물건을 팔러 가는 사람이 자신의 뜻에 반하게 물건을 팔도록 했을 때에도 강도가 적용된다. 이때 물건 값을 실제 가치 이상으로 지불했더라도 강도 행위에서 벗어나지 못한다.

해적 행위는 훨씬 더 엄격하게 처벌되고 있다.

사람은 사기나 위조로도 재산에 침해를 당할 수 있다. '악의적 사기'에 대한 자연스런 처벌은 사형이 아니고 목과 손을 끼우는 형틀을 이용해 세상의 조롱거리로 만드는 것이다. 그러나 일부 사기는 그 용이함과 피해 규모 때문에 사형으로 처벌 받는 것이 합당하다. 예를 들어 보험에 가입한 선박이 난파될 때, 그것이 사기인지를 입증하기가 어렵다. 그러나 만약에 배가 전체 가격으로 보험에 들어 있다면, 배를 난파시키고 싶은 유혹이 엄청나게 커진다. 따라서 법은 상인을 위협하기 위해 그런 범죄를 사형으로 처벌했다. 배를 보험에 가입시킬 때 출발항에서의 가치를 기준으로 할 것인지 아니면 도착항에서의 가치를 기준으로 할 것인지가 문제가 되었다. 결론은 배가 출발하는 항구에서의 가치를 기준으로 하는 쪽으로 내려졌다. 만약에 글래스고의 상인이 3,000파운드어치의 재화를 실은 배를 미국 버지니아로 보낸다면, 이 재화는 도착항에 도착할 때에 4,000파운드 이상의 가치가 나갈 것이다. 상인에게 최종 가격에 보험을 들 수 있도록 허용한다면, 그 사람은 배를 난파시키고 싶은 유혹을 강하게 느끼게 될 것이다. 버지니아까지 재화를 운반하는 비용을 부담한다고 해서 더 많은 것을 확실히 기대할 수 있는 것도 아니다. 형편없는 수입업자를 만날 수도 있는 것이다. 그런 상황에서 보험회사로부터 보험금만 챙겨도 잃을 게 하나도 없다. 마찬가지로 고대에 쟁기에서 부속품을 뽑아 훔쳐가는 것도 사형으로 처벌 받았다. 이는 쟁기가 그냥 아무렇게나 노출되어 있었기 때문이다.

잉글랜드에서 파산자는 자기 자신과 자신의 모든 소유물을 내놓음으로써 채무에서 벗어날 수 있다. 그러나 그 사람이 채권자들을 속일 수도 있기 때문에 만약에 그 사람이 자신의 모든 것을 포기하지 않는다면, 그는 사형으로 처벌될 수 있다. 위조도 사형으로 처벌될 수 있다. 누구도 이 처벌이 지나치다고 불평하지 않는다. 왜냐하면 계약의 이행이 요구될 때, 계약서 위조를 금지하지 않을 경우에 재산이 안전하게 지켜지지 못할 것이기 때문이다. 그러나 모든 위조가 다 사형으로 처벌되는 것은 아니다. 계약서를 지참한 사람에게 즉시적으로 돈이 지급되는 그런 계약서를 위조한 경우에만 사형에 처해진다. 왜냐하면 토지의 이전 같은 거래와 관련 있는 위조는 피해가 일어나기 전에 쉽게 발견되기 때문이다.

위증은 사형으로 처벌되지 않는다.

대인권을 취득하는 길이 여럿 있듯이, 대인권이 만료되는 길도 여럿 있다. 첫째, 계약이나 준계약에 의해 갚아야 할 것을 지급하는 방법이 있다. 의무의 이행이 상대방을 만족시키기 때문이다. 둘째, 부채가 상환되지 않은 상태에서 면책 또는 면제 등이 일어날 수 있다. 이는 범죄에서도 일어난다. 왜냐하면 왕이나 피해를 입은 사람이 기소를 취하하거나 사면할 경우에 그 사람은 자유의 몸이 되기 때문이다. 셋째, 시효가 있다. 만약에 부채에 대해 일정 기간 동안에 상환하라는 요구를 하지 않는다면, 채무자는 자유를 누리게 된다. 이것은 매우 합리적이다. 왜냐하면 만약에 부채에 대한 상환 요구가 오랫동안 제기되지 않아도 된다면, 채무자의 태만을 부추길 수 있기 때문이다. 스코틀랜드 법에 따르면, 어떤 사람이 채권에 대해 40년 동안 원금과 이자를 청구하지 않으면 그 채권은 시효에 의해 무효가 된다. 정상적인 수준의 신중을 기하는 사람이라면 어느 누구도 자신의 재산을 되찾을 뜻이 있었다면 그걸 40년 동안 그렇게 깡그리 무시하지 않을 것이다. 엄격한 법에 따라서 만약에 39년째 되는 해에 이자에 대한 요구가 있었다면, 원금은 시효 만료가 되지 않는다.

범죄에도 마찬가지로 시효 만료가 있다. 범죄가 당한 사람의 분노에 대한 공감에서 처벌되든, 공익을 위해 처벌되든, 아니면 공중을 만족시키기 위해 처벌되든 불문하고 범죄에도 시효가 있는 것이 합당하다. 분노는 몇 년 안에 약해지고 잉글랜드의 법이 정한 기간인 20년 동안 처신을 잘한 사람은 공중에 그다지 위험하지 않을 수 있기 때문이다. 잉글랜드 법에 의하면 상소의 시효는 1년이다. 그러나 기소의 시효는 그렇게 빨리 끝나지 않는다. 왜냐하면 왕은 개인의 분노를 달래기 위해서가 아니라 공공의 안전을 위해 기소하고, 따라서 법은 왕의 권리에 유리하게 작용하기 때문이다. 여하튼 40년 전에 저질러진 범죄를 근거로 사람을 처벌하는 것은 불합리할 것이다. 이유는 지금 그 사람은 40년 전의 사람과 많이 달라져 있을 것이기 때문이다. 게다가, 사건도 많이 잊혔고, 처벌과 본보기의 목적도 완전히 사라졌다.

  반역죄 자체는 몇 년 만 지나면 시효가 끝난다. 그러나 법의 분노라는 관점에서 보면, 만약에 어떤 사람이 판결이 실제로 내려진 다음에 탈출을 했다면, 그는 그 전의 판결을 근거로 처형될 수 있다. 이때 탈출은 새로운 범죄로 여겨진다. 그러나 이것이 매우 자연스럽지 않기 때문에, 만약에 어떤 사람이 탈출한 후에 조용히 산다면, 그 사람은 거의 방해를 받지 않을 것이다. 실제로 그런 예가 있었다. 1715년에 선고를 받은 한 백작은 자신의 고국으로 돌아와서 거기서 평화롭게 살았다. 그러다 1745년에 그는 다시 반란에 합류했으며 이때 예전의 선고에 따라 처형되었다. 의사였던 아치볼드 카메론(Archibald Cameron(1707-1753): 1745년 재커바이트의 난(Jacobite rising:명예혁명에 의해 폐위된 제임스 2세의 복위를 요구하며 일으킨 난)에서 주도적 역할을 한 인물/옮긴이)도 스코틀랜드에서 똑같은 고통을 당했다. 모든 나라에서, 어떤 사람이 20년 후에 돌아왔다면, 그 사람은 더 이상 고통을 당하지 않을 것이다. 이유는 사법관이 그 사람을 간섭하고 나서는 것이 불공평한 것으로 여겨질 것이기 때문이다.

이제 이 주제와 관련해서 남은 것은 형법을 전반적으로 둘러보는 것뿐이다. 범죄에 대한 처벌은 분노로 가장 잘 설명되는 것 같다. 만약에 어떤 사람이 도로를 향해 총을 쏜다면, 그 일로 아무도 피해를 입지 않았더라도 공익 때문에 그를 처벌해야 한다. 그러나 그런 범죄를 모든 나라의 법은 불상사가 따랐을 때보다 가볍게 처벌한다. 이유는 명백하다. 실제로 부상자가 발생하지 않을 경우에는 분노가 크게 치솟지 않기 때문이다. 그 자체로 범죄적인 일부 사건들은 나쁜 결과가 따르지 않을 경우에는 처벌되지 않는다. 어떤 사람이 시장에서 사납게 날뛰는 말을 타고 다닐 경우에는 분노를 거의 일으키지 않는다. 그러나 만약에 그 말이 누군가를 죽였다면, 분노는 대단히 격해질 것이다. 똑같은 이유로, 속죄물도 무생물임에도 불구하고 저주스러운 것으로 여겨진다. 많은 경우를 보면, 분노는 육체 중에서도 그 행위를 저지른 바로 그 부위로 쏟아진다. 분노는 대체로 매우 공평한 원칙이며, 마음의 성향에 따라서도 별로 달라지지 않는다.

어떤 사람들, 예를 들어 백치와 광인, 아이들은 처벌의 대상으로 여겨지지 않는다. 사람들은 광인이 한 행위에는 다른 사람이 한 행위만큼 충격을 강하게 받지 않는다.

지금까지 우리는 한 사람의 인간으로서 사람에게 가해질 수 있는 침해에 대해 고려했다. 말하자면, 국가의 구성원으로서, 가족의 구성원으로서, 한 사람의 인간으로서의 사람을 두루 살펴보았다.